アメリカは自由をどう歌ってきたか

河野勝

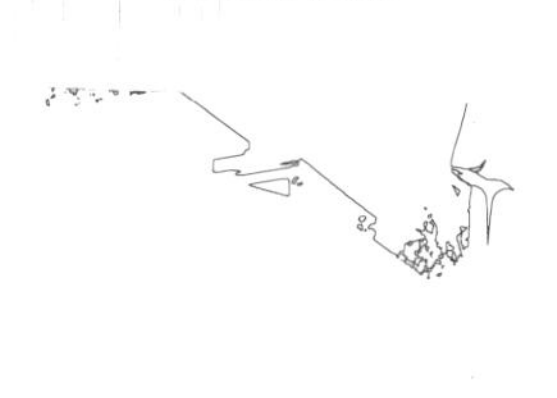

早稲田新書
023

まえがき

アメリカは「自由の国」といわれる。自由を求め、宗主国イギリスに反旗をひるがえし、独立戦争に勝利して誕生した国家だからである。

実際、アメリカには、自由を象徴する文書やモニュメントがいくつも現存する。首都ワシントンD.C.にある国立公文書館には、今も「独立宣言」のオリジナルが公開展示されている。ペンシルバニア州フィラデルフィアの記念館には、戦争に勝利した時に鳴らされたと伝えられる「自由の鐘」が静かに安置されている。そして、ニューヨーク州マンハッタン島のすぐ先には、戦争当時の友好国フランスから建国百年を記念して贈られた「自由の女神像」がそびえ立っている。

しかし、これら歴史的アイコンが象徴する以上に、アメリカにおいては、自由（であること）の意義や大切さが人々の日常の生活に埋め込まれるかのように、深く広く認識されている、と私は思う。言いかえれば、自由は、日々の暮らしの具体的な文脈の中で、たとえば子供に対する躾や教育、友人や恋人との人間関係、さらには組織や地域コミュニティーとの関わりなどをめぐって、人々の価値観や行動指針に大きく影響を与えている。なぜそう思うかというと、そのように実感させられる場面を、私自身、高校と大学院での留学などを通じ15年以上を北米で過ごした中で、何度も目の当たりにしたからである。

アメリカに暮らす普通の人々が、自由をどのように感じているのか。自由について何を悩み、また自由をいかに実践しようとしてきたのか。本書はこうした問いに光を当てたい。

そのために、本書では、ポピュラー音楽と総称されるジャンルの楽曲の歌詞に着目し、free および freedom という言葉がその中でどう表現されてきたかを、さまざまな角度から検証することを試みる。

自由をめぐっては、政治学、とりわけ政治理論と呼ばれる分野において、膨大な思索の蓄積がある。しかし、従来の研究では、哲学者や思想家の著作、政治家の演説、裁判所の判決や意見などが主たる題材として用いられ、自由という概念が一般の人々にどのように受容され発展してきたのかという側面に焦点を当てた分析は、重視されてこなかったといわざるをえない。

これに対して、本書においてポピュラー音楽を題材に選ぶのは、その歌詞が日常的かつ具体的文脈の中で立ち現れる自由概念の諸相を浮き彫りにしてくれると考えるからである。ポピュラー音楽は、ヒーローや著名な人物ではなく、ごく普通の人々の感情や行動を物語る芸術的表象である。それゆえ、聴き手の側が自身の体験に引き寄せて鑑賞できる内容のものが多い。また、ポピュラー音楽では、時々の政治的不満や社会的要請が表現されることもある。この意味では、ポピュラー音楽は、まさに時代を映す鏡にほかならない。その歌詞を丁寧に分析することによって、アメリカの人々の自由の捉え方がどう変容してきたかをも明らかにすることができれば幸いである。

目次

第1章　自由の概念とポピュラー音楽

自由は、独立・建国以来、アメリカ合衆国という国家の存立を支える中核的価値であり、広く（カナダを含む）北米社会において、人々の規範や行動指針を規定している重要な概念である。

本書は、北米で普段から親しまれている音楽、とりわけポピュラー音楽と総称されるジャンルの楽曲の中で、「自由」（free あるいは freedom）という言葉がどう表現されてきたかをさまざまな角度から考察し、自由という概念が人々の日常生活の中でどのように受容され、発展してきたかを明らかにする。

なぜポピュラー音楽？

自由という概念をめぐっては、古今東西、数知れないほど多くの書物や論文が公刊されている。学術的文献としては、政治学、なかでも政治理論と称される専門分野において、膨大な思索の蓄積がある。こうした研究のすべてが日本語に翻訳されているわけではないが、主要な思想や考え方の系譜は、一般の読者が手に取りやすい新書などでも、紹介されている。

私は、これらの専門的な解説を読むたびに——いや、読もうとしながら途中で挫折するたびに、という方が正確だが——ある違和感を感じてきた。

この違和感が、本書の出発点である。

実際に、書店や図書館で自由について書かれた学術書のページを開いてみる。すると、高名な哲学者や思想家の名前、また彼らの著作からの引用が、次から次へと登場する。J・ロック、J・S・ミル、F・A・ハイエク、H・アーレント……。ほかにも、有名な政治家の演説、画期的とされる裁判所の判決や意見が、解説のベースとして用いられることもある。アメリカのF・D・ルーズベルト大統領の「4つの自由」の演説[1]、アメリカ連邦最高裁判決「シェンク対合衆国[2]」、同じく「ロー対ウェイド[3]」……。

しかし、哲学者も、政治家も、裁判官も、一般の人々ではない。彼らは、ごく少数の、いってみれば例外的な知識人や政治エリートたちである。はたして、彼らの分析や洞察は、一般の人々が日常生活の中で想い描く自由という概念を反映しているのか。彼らの議論は、一般の人々が自由を感じ、自由について悩み、自由を実践しようとするうえで、どれほどの含意や教訓を導いてくれるのか。

こうした疑問が、私がずっと抱いてきた違和感である。

本書において、ポピュラー音楽の歌詞に注目するのは、北米の人々が自由という概念をどう捉えてきたのかを、知識人や政治エリートがどう考えるかではなく、ごく普通の人々の視点に立って検証したいと思ったからである。

英語のpopularという言葉は「人気のある」「流行している」を指す形容詞であるが、「一般的な」あるいは「大衆的な」という意味もある。その名の通り、ポピュラー音楽は、多くの人々にとってもっとも身近な音楽だといえるであろう。そして、クラシックやジャズと異なり、ほとんどのポピュラー楽曲には歌詞が付されている。その内容には、時代によって異なる人々の態度や行動のパターンが映し出されている、と考えられる。

北米で親しまれるポピュラー音楽は、自由という概念が普段の生活の中でどのように受け止められてきたか、またその受け止め方が時代とともにどのように変化してきたのかを探る上で、格好の素材を提供してくれるはずである。

個人的体験から

私は、１９７０年代末、高校生として1年間アメリカのカリフォルニア州に留学した。そして、日本の大学を卒業してから、再びアメリカに戻って、10年近く大学院教育を受けた。さらにその後、大学教員として最初に赴任したのがカナダ西部のブリティッシュ・コロンビア大学で、そこで5年間教鞭をとった。つまり、20代のほとんどとその前後合わせて15年以上を、アメリカとカナダで暮らした。

私にとっては、この長期にわたる現地での生活が、北米における自由を考える上での、揺るぎない参照点となっている。この体験から、自由という概念が単に抽象的に成立するのでなく、たとえば子供に対する躾や教育、友人や恋人との人間関係、組織や地域コミュニティーとの関わりなど、日常の具体的な文脈に織り込まれるようにして、人々の価値観や行動指針に影響を与えていると、確信している。

いくつか例をあげよう。

北米の子どもたちは、幼い頃から、自由で独創的な発想がいかに大切であるかを教え込まれる。保育園の先生や幼稚園の同級生の前で、自分の好きなおもちゃを見せたり、なぜそれがお気に入りなのかを話したりすることで、個性や嗜好が発達していくよう促される。

彼らは、10歳にもなれば、芝刈りやベビーシッターなどのアルバイトを、隣人や知り合いから頼まれるようになる。仕事を任され、人から信頼されることで、自分で好きに使える小遣いを手にする喜びを覚える。

そしてハイスクールに通うようになると、誰もがいち早く運転免許を取得しようとする。北米社会では、一部の大都市を除き自動車がほとんど唯一の交通手段であり、彼らは車を運転できないと行動の選択肢が広がらないことを知っている。親の車を譲り受けたり、借りたりすれば、その代償として、弟や妹の送り迎えの役割がついてくることもある。しかし、そうした責任を果たしつつも、友人に会い恋人とデートするための、自由でプライベートな時空間を確保しようとする。

こうした実例からもうかがえるように、北米では、自由は「(自ら) 手に入れるもの」、英語でいうと earn するもの、という認識が確立されている。自由は、けして given、すなわち努力や代償もなく「与えられるもの」として捉えられているのではない。そして、私の印象では、北米では自由であることを当たり前として過信したり自明視したりしてはならないという教訓を、折に触れ自らリマインドしているように思える。

自由がいかに貴重で感謝すべきことであるか。

このメッセージを何より象徴する歌がある。《スター＝スパングルド・バナー》(Star-Spangled Banner) と題される、アメリカ国歌である。

国歌に刻まれた自由の誇り

アメリカに初めて留学したとき、私がもっとも驚いたことの一つが、スポーツイベントで国歌が演奏されるという事実であった。最初は、ホストファミリーに連れて行ってもらった、大リーグ・（サンディエゴ）パドレスのホームゲームでのこと。「国歌（National Anthem）を斉唱するのでご起立ください」とのアナウンスが流れ、観客が立ち上がった。帽子を取るもの、胸に手を当てるものもいた。数日後、自分が通うことになったハイスクールのフットボールの開幕戦を見に行った。この時も、国歌斉唱があり、応援席の生徒たちや父兄らが立ち上がって声を合わせて歌っていた。どちらも国際試合でも何でもない。後者は小さな町の地元イベントにすぎない。それなのに、国歌が流れ、みな静かに敬意を表していた。

タイトルの《スター＝スパングルド・バナー》、すなわち「星が散りばめられた旗」とは、いうまでもなく、アメリカの国旗である星条旗を指している。国歌が演奏される場面の多くは、実際に国旗が掲揚されていく場面である。目の前でするするとポールを上っていく旗を見上げながら、アメリカ人たちは、建国史の一幕に登場する、ある伝説的な星条旗について歌っている。

周知のように、アメリカは、１７７６年に独立した後、１８１２年にもう一度、かつての宗主国イギリスから戦争を仕掛けられた。いわゆる米英戦争である。その末期、１８１４年9月のある日、ボルティモアの町が一晩中、イギリス海軍の猛攻にさらされた。夜が明けて、自分たちが築いた砦を見上げると、その城壁に大きな星条旗が立ち、風になびいていた。その様子を、フランシス・スコット・キーという人が書き留めたものが、この歌詞の原型である。のちにメロディ

♪1－1　アメリカ国歌の歌詞／1番

O say can you see, by the dawn's early light,
What so proudly we hail'd at the twilight's last gleaming,
Whose broad stripes and bright stars through the perilous fight
O'er the ramparts we watch'd were so gallantly streaming?
And the rocket's red glare, the bombs bursting in air,
Gave proof through the night that our flag was still there,
O say does that star-spangled banner yet wave
O'er the land of the free and the home of the brave? ……

出所：National Museum of American History

が付いて、さまざまな機会に歌われるようになっていった（♪1－1参照）。

夜通しの砲撃に耐えて、なおも敢然とはためいている星条旗。それは、宗主国の圧政に反抗し、自由を求めて戦ったアメリカ人の強靭な決意の象徴にほかならない。それゆえ、この国歌には、大国イギリスとの（二度もの）戦争を経て、自由を勝ち取ったのだという誇りが深く刻み込まれている。

国歌斉唱のとき、ひときわ大きな声で場が盛り上がるのは、下線を引いた最後のセンテンスが歌われる時である。

「ほら［見えるか］」、あの星条旗は、まだはためいているではないか。自由な人々の大地の上に。勇敢な人々の故郷の上に。」

「自由な人々」は、「勇敢な人々」である。自由は「与えられるもの」ではない。大きな犠牲を払っても、自ら「手に入れる」ものである。この国歌が斉唱されるたび、アメリカ人は、自由を当たり前のものと思ってはならないというメッセージを胸に留める。

ポピュラー音楽としての国歌

《スター＝スパングルド・バナー》が法的に「国歌」と認定されたのは1931年である。実は、法的に認定される以前も、またそれ以後も、この曲が国歌として定着するまでには紆余曲折があった。[4]

もともと、19世紀には、もうひとつ別の歌、現在でも愛国歌のひとつとして知られる《マイ・カントリー・ティズ・オブ・ディー》が、非公式ながら国歌と認識されていた。ところが、こともあろうに、そのメロディは旧敵国イギリスの国歌《ゴッド・セイブ・ザ・キング／クィーン》と同じだったので、別の楽曲を正式な国歌として新たに定めるべきだとの議論が始まった。ただ、《スター＝スパングルド・バナー》だけが、有力候補ではなかった。他にも《ゴッド・ブレス・アメリカ》や《アメリカ・ザ・ビューティフル》など、ライバル曲も存在した。

加えて、《スター＝スパングルド・バナー》については、音域が下のB♭から上のFまでと広く、歌うのが難しいとの批判があった。歌詞の内容があからさまに戦争や暴力を想起させ、国歌として適切でないという批判も、根強かった。

国歌を作詞したフランシス・スコット・キーが米英戦争の末期に砦の星条旗を見上げている絵。パーシー・モランという画家による1905年の作品。［出所：United States Library of Congress］

しかし、これらの批判に耐え続けながら、《スター＝スパングルド・バナー》は、公的な式典はもちろんのこと、さまざまな集会やイベントなどで演奏される楽曲として定着するようになった。とくに１９８０年代以降、一流のポピュラー音楽の歌手が、野球（ＭＬＢ）、フットボール（ＮＦＬ）、バスケットボール（ＮＢＡ）、アイスホッケー（ＮＨＬ）など、スポーツの重要な試合の冒頭でこの国歌を披露する慣習が確立された。

今では、そうした歴代の素晴らしいパフォーマンスを、映像で楽しむことができる。たとえば、１９８３年のＮＢＡオールスターゲームで、ソウル調にアレンジして観客の度肝を抜いたマーヴィン・ゲイ。１９９１年、ＮＦＬスーパーボウルで、オリジナルの３拍子を４拍子に変え、湾岸戦争中の愛国心を鼓舞したホイットニー・ヒューストン。２００４年、ＮＦＬスーパーボウルで、フルオーケストラの様々な音色を存分に生かして魅了したビヨンセ。２００８年のＭ

ＬＢワールドシリーズ（第3戦）で、自らのギター一本で歌い上げた若きテイラー・スウィフト、などである。

繰り返し演奏され、誰もが知っていて、しかも人気も実力もある歌手たちがそれぞれに趣向を凝らして歌う《スター＝スパングルド・バナー》は、文字通りの意味で、ポピュラーソングの原点に位置付けられるのかもしれない。まぎれもなく、その歌詞には、アメリカ人として自由であることの喜びと尊さが表現されている。

表現される4つの自由

さて、20世紀後半から現代までのポピュラー楽曲を振り返ると、自由（free/freedom）という言葉にはいくつかの異なる意味が込められて用いられていることがわかる。上述のアメリカ国歌の中では、独立・建国の歴史的意義をふまえて、アメリカが自由の国であるという誇りが表現されていた。議論の整理のために、それを「愛国心の表れとしての自由」と呼ぶことにしよう。しかし、北米のポピュラー音楽では、少なくともほかに三つの意味を込めて、自由という言葉が用いられている。それぞれのカテゴリーを、「政治社会的な自由」、「人間関係における自由」、「宗教的信念としての自由」と名づけ、以下簡単に説明しておこう。

（Ⅰ）政治社会的な自由

ポピュラー音楽で free や freedom という言葉が登場する楽曲には、自由そのものを歌うのでなく、むしろ自由が実現されていない状況について憤ったり嘆いたりする内容の歌詞も多い。そうした中では、しばしば、自由の実現を妨げる原因として、法律、制度、伝統、偏見など、政治社会的な要因が描かれる。たとえば、「プロテストソング」――日本語では「抵抗の歌」と訳される――と称される一群の楽曲がある。これらは、自由が実現していない社会の現状への不満や自由の実現を目指そうとしない政権・体制派（エスタブリッシュメント）に対する批判を歌った典型である。

より具体的にいうと、北米では、マイノリティ・グループ（少数派集団）に属する人々が自由をまだ手に入れていない苦渋や怒りを歌った楽曲が数多くある。真っ先に思い浮かぶのは、アメリカの黒人に対する差別がテーマとなっている楽曲であろう。しかし、いうまでもなく、差別の問題は人種に関わるものに限られない。そして、各マイノリティグループが抵抗や告発の声を上げるまでにたどった道のりは、それぞれ異なる。いつ、どのようなグループが、何を契機として声を上げるようになったのか。ポピュラー音楽は、そうした時代の変遷を映し出す鏡でもある。

（Ⅱ）人間関係における自由

家族や恋愛関係、さらには職場や地域で築かれている人間関係からの自由という意味での free および freedom という言葉も、北米のポピュラー音楽の歌詞に多く見受けられる。そうした中では、人との付き合いによって生じるしがらみや感情のもつれ、さらには金銭的な貸し借りなどが、自由を束縛する要因として描かれる。法制度や社会慣習などの公的な文脈ではなく、あくまで個人のプライベートな関係の中で自由という概念が捉えられている点で、（Ⅰ）のカテゴリーと対照的である。

興味深いのは、この第二の意味での自由が歌われる時、必ずしもポジティブな価値として自由が捉えられていないということであろう。たしかに、人やコミュニティとの関係をすべて断ち切れば、究極の自由を得られる（と感じる）かもしれない。しかし、その代償は、孤独である。孤独を引き受ける覚悟で、自由を貫くのか。それとも、自由を犠牲にしても、孤独でない人生を歩むのか。この選択が、さまざまな時代を通じて、ポピュラー音楽に通底するひとつのテーマとなっている。

（Ⅲ）宗教的信念としての自由

北米では、多くの人が何らかの宗教を信じており、その大多数がキリスト教の信者であるといわれている。特定の宗教を信仰していなくても、神の存在を信じている人々もたくさんいる。こうした背景から、ポピュラー音楽の歌詞の中でも、宗教的な含意を込めて、あるいはスピリチュアルな意味合いで、心や魂の自由が表現されることがある。超越者としての神から啓示を受けることで、現世の苦悩や困難から解放されることを歌った楽曲である。

このカテゴリーに関連して指摘すべきは、キリスト教の教会の中で黒人たちが歌っていた霊歌やゴスペルが20世紀後半のポピュラー音楽の発展に多大な影響を与えた、という事実であろう。その影響は、メロディやリズムといった純粋に音楽的な要素に留まらず、黒人たちの世界観、とりわけ「歌う」という行為自体に由来するパワーや応報についての考え方を映し出している。すなわち、声に出して歌うことで、神やスピリチャルな世界と交信でき、内面的平穏を得ることができる、という彼らの信念である。

（Ⅳ）愛国心の表れとしての自由

自由は、国家としてのアメリカを支える中核的価値である。それゆえ、上述の国歌《スター＝

スパングルド・バナー》のほかにも、建国の意義を（再）確認したり国家への愛着や忠誠を高めたりする内容の歌詞がポピュラー音楽に見受けられる。また、アメリカは、自由を標榜する国々の盟主であることを自認し、他国にも向けて圧政に苦しむ人々の希望のビーコンとなることを宣言している。自由の価値を世界的に広めようとするキャンペーンや、強権国家のもとで抑圧された人々が自由を勝ち取ろうとする闘争を支援しようとする運動を念頭において制作された楽曲もある。

この４つのカテゴリーは、相互排他的（mutually exclusive）ではあるが、全体網羅的（collectively exhaustive）であるとはいえない。つまり、free および freedom という言葉が、この四つと異なる意味で用いられている可能性は否定できない。

ただ、重要なのは、こうした分類が可能であること自体、北米のポピュラー音楽においては自由が多義的に概念化されてきたことを示唆している、という点であろう。次章（第２章）以降の各章では、楽曲の歌詞を詳しく分析・考察することを通して、それぞれのカテゴリーに則した自由という概念の内容を明らかにしていく。

ラジオを通して

私は、音楽史を専門に研究しているわけでなく、またミュージシャンでもないので、「ポピュラー音楽」というジャンルを正確に定義することはできない。そこで、本書では、英語のpopularという言葉に立ち返り、誰もが頻繁に耳にし、人気がある（と思われている）楽曲、あるいは長い間にわたって多くの人に親しまれている楽曲を、ポピュラー音楽と捉えることにする。

ただ、すると、ひとつの問いが浮かぶ。そもそも、その「ポピュラリティー」は、どこに由来するのだろうか、と。つまり、北米の人々は、どのようにして、楽曲を頻繁に耳にし、親しむようになるのだろうか、と。

ポピュラー音楽のポピュラリティー。

それは、「人気・流行」という意味でも、また「大衆性」という意味においても、ラジオが源泉であると、私は思っている。少なくとも、本書が検討の対象とする20世紀後半から21世紀初頭までの北米の楽曲については、そう断言できる。ある楽曲がポピュラーになる、すなわち人々に知られるようになり、歌い継がれるようになるためには、ラジオという媒体で繰り返し再生されることが不可欠の条件だったといえる。

実際、私自身が初めて留学したとき、平均的なアメリカ人が一日のうち、いかに長い時間ラジオをつけているかに驚いたのをよく覚えている。じっと耳を傾けて聴いている、というわけではない。ただつけたままにして、ラジオから流れてくるのを自然に聞いているという時間が長いのである。

このことは、北米社会において、自動車がほとんど唯一の交通手段であるという事情と関係している。ほとんどのドライバーは、およそどのような状況においても、ラジオをつけて、車を運転していた。通勤や通学、買い物、旅行など、日常生活の行動の大部分にわたって、北米の人々はラジオと共生していた。

もちろん、中には自分のカセットテープを車に持ち込む少数派もいた。しかし、私の印象では、大多数のドライバーは、事前に設定した自分のお気に入りのラジオ局をそのままきいていた。この光景は、オーディオ機能に接続できるディヴァイスの進化とともに、最近では変化してきたといえるであろう。ただ、ipod が登場したのが２０００年代初頭であり、スマートフォーンの普及はさらにずっと後のことである。車中でのラジオの機能がデジタル媒体によって代替されるようになったのは、早くとも２０１０年代以降である。

ラジオがポピュラー音楽にとっていかに重要であったかについて、自らの体験をふまえて、もう少し補足しておきたい。第一に、アメリカのラジオ放送は、全般的に「語り」が少ない。コンテンツとして圧倒的に大きな部分を占めるのが音楽である。例えば、私のお気に入りだったサンディエゴのＦＭ局では、ほとんど音楽だけが24時間通して流され、たまに天気や（海に近かったので）サーフィンのための波の情報が差し挟まれるだけであった。当時の日本のラジオでは、合間に司会やゲストが曲の「紹介」や「解説」をする形式が一般的だったので、放送のシンプルさに驚いたことをよく覚えている。

第二に、アメリカには、ローカルなラジオ局が実に多く存在する。誰もが、豊富な選択肢の中から自分の嗜好に合致したラジオ局を選んで、それぞれ贔屓にすることができる。私の好きだったラジオ局は、ロックやソウル（当時は「ブラック・コンテンポラリー」と呼ばれていた）などを中心として、発表されたばかりの新曲と古くからの名曲とを織り交ぜて流していた。バランスの取れた選曲のおかげで、ポピュラー音楽に興味を持ちはじめたばかりの（私のような）ティーン・エイジャーも、流行中の曲だけでなく昔の曲にも親しむことができた。

第三に、ラジオは小型で安価であることから、一般的な家庭の中に複数台あった。この点は、（１９８０年代半ばぐらいまで）テレビが家庭に一台しかなかったのと対照的である。テレビはリビングルームで見るものだったが、ラジオは個々の部屋で好きな時に自由にきくものだったのである。もちろん家の広さと子供の数にもよるが、ある程度裕福な家庭であれば、子供は一人ひと

♪１−２　クイーン《レディオ・ガガ》／１番からの抜粋

I'd sit alone and watch your light
My only friend through teenage nights
And everything I had to know
I heard it on my radio

［作詞・作曲　Roger Taylor,"Radio Ga Ga,"1984（Queen Official YouTube Channel)］

り自分の部屋を持つことが普通であった。私がホームステイしていた家庭の「弟」は、夜寝ている間も、自分の部屋でずっとラジオをつけっ放しにしていた。

もちろん、時代とともにメディアとしてのラジオの重要性がすこしずつ薄れていったことは間違いない。（アメリカのバンドではないが）クイーン（Queen）が１９８４年に発表した曲に《レディオ・ガガ》という歌がある。ケーブルテレビやミュージックビデオが登場し、ラジオがだんだんと時代遅れになりそうな予感を悲しんで、ラジオに対して呼びかけるように、「お世話になったよ」、「まだ大好きだよ」などと叫ぶ歌である（♪1-2参照）。

夜寝るときの「唯一の友人（my only friend）」（下線部分）がラジオだった、というこの歌詞は、多くの時間を自分の部屋で過ごすティーン・エイジャーの姿をよく捉えている。それはまた、ポピュラー音楽の人気と大衆性が、ラジオという媒体を通して形成されたことも物語っている。

本書の内容と構成

本書は、北米のポピュラー音楽の中で歌われてきた自由という概念を、さまざまな角度から検討する。以下に続く各章では、定量的（統計的）な分析、定性的（質的）な解読、歴史的背景の考察、インタビュー調査など、異なる手法を織り交ぜて、自由が人々の日常生活の中でどのように受容され発展してきたかを明らかにしていきたい。

第2章では、1960年から2011年までを対象として、ヒットチャートの上位にランクインされた人気曲と長く歌い継がれてきた名曲の歌詞を、「テキスト分析」という定量的手法を用いて検証する。free/freedomという言葉がどれくらいの頻度で、またどのようなパターンで、歌詞に登場するかを統計的に分析し、自由という概念の重要性やそこに込められた感情などを映し出すことを試みる。

第3章では、60年代、70年代、80年代、それ以降という時代区分をした上で、free/freedomという言葉が登場する有名な楽曲の歌詞の内容を詳しく解読する。各時代の政治状況や社会背景と照らし合わせた上で、第2章で行ったような定量分析では必ずしも浮かび上がらない、自由という言葉の意味やその文脈の違いを解明することが狙いである。

第4章では、ボブ・ディランとジョニ・ミッチェルという、ポピュラー音楽の二人のレジェンドに焦点を絞り、彼らの代表的な作品の中で、自由という概念がどのように表現されているかを考察する。センテンスやフレーズ、場合によっては単語の用い方を一つひとつ丁寧に検証し、彼らがどのような意図でどのようなメッセージを伝えたかったのかを読み解いてみたい。

第5章では、私が北米を訪れ、現地のストリート・ミュージシャンたちに行ったインタビューの結果を報告する。free/freedom という言葉がタイトルや歌詞に含まれるポピュラー楽曲として何を思い浮かべるか、またどのような表現が印象に残っているかなどといった私の質問に対する彼らの回答を参照しながら、名曲が時代を超えてどのように歌い継がれてきたのかを考える。

本書における表記について

1．フランス語やドイツ語と違い、英語には、自由という概念を表す言葉が二つある。freedom と liberty である。本書の分析や考察では、前者およびその形容詞である free を扱い、後者は検討の対象としないことにした。ポピュラー音楽の歌詞にほとんど liberty という言葉が登場しないからである。なお、政治理論を専門とする研究者の大多数は、この二つの言葉の意味には大きな違いがないとの意見で一致している。[5]

2．ポピュラー楽曲の歌詞は、必ずしも唯一に確定されているわけではなく、参照する媒体によって微妙に異なる場合が多い。また、同じ歌手が同じ歌を歌ったとしても、いくつもの違うヴァージョンが存在することもある。本書では、歌詞を直接引用する場合、各楽曲もしくは各ミュージシャンの公式サイトに依拠し、公式サイトがない場合には、できる限りオリジナルな音源に基づいて文字起こしをしたことをお断りする。より詳しくは、巻末に歌詞引用URL一覧として音源を明示している。

3．日本語には、ポピュラー楽曲の構成を表す言葉として「1番」「2番」などというように、「番」という単語がある。英語に「番」と一致する言葉はない。おそらく「番」とニュアンスが最も近いのは「スタンザ」(stanza)という単語であるが、これは日本の一般読者にとっては聞き慣れない言葉であると判断した。そこで、本書では、ややニュアンスが違うが「ヴァース」(verse)という言葉をあわせて使うことをお断りする。

4．本書を通じて、楽曲のタイトルには《　》を、またアルバムのタイトルには『　』を用いて表記する。

(1) 1941年1月6日にルーズベルトが行った一般教書演説。四つの「基本的自由」とは、言論・表現の自由（freedom of speech）、信教の自由（freedom of worship）、欠乏からの自由（freedom from want）、恐怖からの自由（freedom from fear）である。

（2）*Schenck v. United States*, 249 U. S. 47（1919）。言論・表現の自由について、「明白かつ現在の危険（clear and present danger）」原則を確立した判決として知られる。

（3）*Roe v. Wade*, 410 U. S. 113（1973）。人工妊娠中絶を規制する国内法を違憲無効とした画期的判決として知られる。ただし、後年、連邦最高裁判決 *Dobbs v. Jackson Women's Health Organization*, 597（2022）U. S. によって覆された。

（4）この経緯について、詳しくは Marc Ferris, *Star-Spangled Banner*（John Hopkins University Press, 2014）などを参照。

（5）「違いがある」との少数意見については、Hanna Fenichel Pitkin（1988）, "Are Freedom and Liberty Twins?," *Political Theory*, vol. 16, no. 4, pp. 523-552や David Hackett Fischer, *Liberty and Freedom*（Oxford University Press, 2004）を参照。

第2章　ヒット曲に「自由」はどう登場するのか

――歌詞のテキスト分析（1960〜2011）

アメリカの人々は、普段の生活の中で、自由という概念をどのように受け止めてきたのだろうか。また、その受け止め方は、どのように変化してきたのだろうか。

これらの問いに答えるための試みとして、本章では、北米で人気の高いポピュラー音楽の楽曲の歌詞をテキストデータとして捉え、その中で「自由」という言葉、具体的には free および freedom という単語がどのように登場するのかを、さまざまな角度から分析してみたい。

ここで用いる分析手法は、「テキスト分析」と一般に呼ばれるものである。私の専門とする政治学でも、近年、この手法を用いた研究が著しく増えている。インターネット、とくにSNS（ソーシャル・ネットワーキング・サービス）の発達にともなって、政治的会話や政治的言説についてさまざまなビッグデータが収集可能になってきたことが、その背景にある。

この分析手法を、ポピュラー音楽の歌詞の解読に利用してみようというのが、本章の企図である。

身近なポピュラー音楽

ポピュラー音楽は、さまざまな種類の音楽がある中で、北米に暮らす人々にとってもっとも身近なジャンルの音楽といってよいであろう。ここで「身近」という言葉には、次の2つの意味が含まれている。

ひとつは、ポピュラー音楽は、クラシックやジャズ、特定の宗教や特定の人種・民族に属する人たちを対象にした楽曲よりも、はるかにアクセスしやすい、という意味で「身近」である。

第1章で述べたように、20世紀を通じて、ポピュラー音楽の隆盛にもっとも大きな役割を果たした媒体はラジオであった。コンサートのチケットやレコード・CDは高価で購入することができなくても、ラジオは（ラジオ機器さえあれば）誰もが無料で一日中ずっときいていることができる。北米の多くのラジオ局は、長い演奏をじっくりと聴かせるのではなく、2～3分程度で次から次へと曲を替えていって、その間にコマーシャルや短いニュースを挟む、というスタイルで放送していた。その際好まれたのが、ポピュラー音楽であった。

もうひとつ、ポピュラー音楽は、ヒーローや著名な人物ではなく、どこにでもいる普通の人々の感情や行動、またそうした人々の人間関係、社会との関わりを素材にしている、という意味でも「身近」である。

つまり、ポピュラー音楽の場合、楽曲の歌詞の中で描かれている内容は、聴き手の側が自身の体験に引き寄せて鑑賞できるものが多いのである。そして、英語で歌われる限り、歌詞の内容は多くの北米の人々にとって母語として耳から入ってくる。他のジャンルと比べて、ポピュラー音楽は、より直接的に気持ちを揺り動かし、またより自然と心に残る、と考えられる。

身近であるがゆえ、ポピュラー音楽の歌詞は、人々の態度や心情、さらには倫理観や行動様式などをよく映し出しているのではないだろうか。この認識が、「自由」という言葉がどのように登場するかを分析することにした出発点である。

たしかに、個々の楽曲は、作り手であるプロのミュージシャンたちが構想し、発表した作品である。一般の人々は、あくまでそのメッセージを受容する側にすぎない。しかし、ある楽曲が年間のヒットチャートの上位にランクインしたり、長期にわたって親しまれたり、さらには「名曲」としての評価を確立したりするのは、多くの人々がそのメッセージに共感するからにほかならない。

クラシックやジャズといったジャンルであれば、音楽が与える感動はメロディーやリズム、さらには演者のパフォーマンスなど、純粋に音楽的要素によって引き起こされるのであろう。しかし、ポピュラー音楽の場合は、歌詞も同じくらい重要な要素と考えなければならない。実際、(私自身もそうだが)人々は、自分の好きなポピュラー音楽の歌詞フレーズをいくつか覚えているものである。とくに若い頃に親しんだ楽曲の歌詞は、年をとってからもなかなか忘れないものである。どこからともなく曲が流れてくると、ふとそのフレーズを口ずさんでしまうことさえある。そうしたことが自然と起こるのは、歌詞そのものが何らかの理由で、人々の心に刻まれているからであろう。

ポピュラー音楽の歌詞は、まさに時代を映す鏡であり、その時々の社会風潮や人々の態度・行動が反映されている。だとすれば、そこに free や freedom という言葉が登場する傾向やパターンを調べることで、アメリカの一般の人々にとって自由という概念がどのように受け止められてきたかを明らかにできるかもしれない。

分析対象の楽曲を決める

分析を進める上では、歌詞のテキストを収集し、独自のデータセットを構築しなければならない[1]。そのためには、そもそもどの楽曲を分析対象とするのか、どの情報ソースから歌詞テキストを集めるのか、さらには（やや専門的になるが）どのような「クリーニング」や「前処理」を行って分析可能なデータセットに仕上げていくか、などを決める必要がある。実は、この作業工程を詳しく説明し始めるとかなり長くなるので、ここでは要点だけを述べる[2]。

まず、対象として選んだのは、ポピュラー音楽と総称される楽曲の中で、文字通りもっとも「ポピュラー」な楽曲、すなわちもっとも「人気の高い」もしくは「親しまれている」と定義できる楽曲である。具体的には、有名な音楽誌『ビルボード』の「年間トップ100チャート」(Year End Chart) にランクインした全楽曲と、同じく有名な音楽誌『ローリング・ストーン』で2011年に「史上最も偉大な500曲」(500 Greatest Songs of All Time) として選ばれた全楽曲である。

前者については、1960年から2011年までと期間を定めた。それゆえ、データセットには約5200曲が含まれる。1960年を起点としたのは、それ以前に遡ると歌詞データの収集が難しくなると想定されたからである。終わりを2011年までとしたのは、もう一方(『ローリング・ストーン』)のリスト発表年と平仄を合わせる必要があったという理由に加えて、2000年代に入ってからランキングの決め方が大きく変わり、とくに2010年代以降とそれ以前とでは何をもって「ポピュラー」と定義するかの基準が必ずしも一貫していないと判断したからである。

後者の「史上最も偉大な500曲」は、商業上のパフォーマンスに基づく『ビルボード』ランキングとは異なり、アーティストたち自身と音楽評論家たちによる投票に基づいて選ばれたリストである。それゆえ、楽曲の選択も順位づけも、いわば業界の内輪の人たちの意見や主観に依拠していることになる。にもかかわらず、この500曲についても歌詞を収集し、データセットに加えたのには理由がある。『ビルボード』のチャートは、一年ごとのランキングなので、一時期爆発的に人気を博したが、人気が長続きしなかった曲も含まれている可能性があり、逆に『ローリング・ストーン』のリストには、発売当時はそれほど人気がなかった（それゆえ年間ランキングの上位に食い込めなかった）ものの、徐々にまた着実に人々の心に浸透していったような曲が含まれている可能性があるからである。

「自由」はどれほど重要な概念か

はじめに、ポピュラー音楽の歌詞テキストに、free および freedom という単語がどれだけ頻繁に出現するかを調べてみよう。

当然ながら、この検証にあたっては、ひとつの仮説が想定されている。すなわち、アメリカの人々にとって、自由が重要な概念として受け止められているならば、ポピュラー楽曲の中に free や freedom という単語が多く登場するに違いない、という仮説である。逆に、それほど頻繁に出現しないのであれば、自由はそれほど重要な概念としては捉えられていない、ということになるだろう。

図2-1は、『ビルボード』のチャートに従って収集したテキストデータに基づき、free と

図2-1　Free / Freedom の出現頻度の変遷

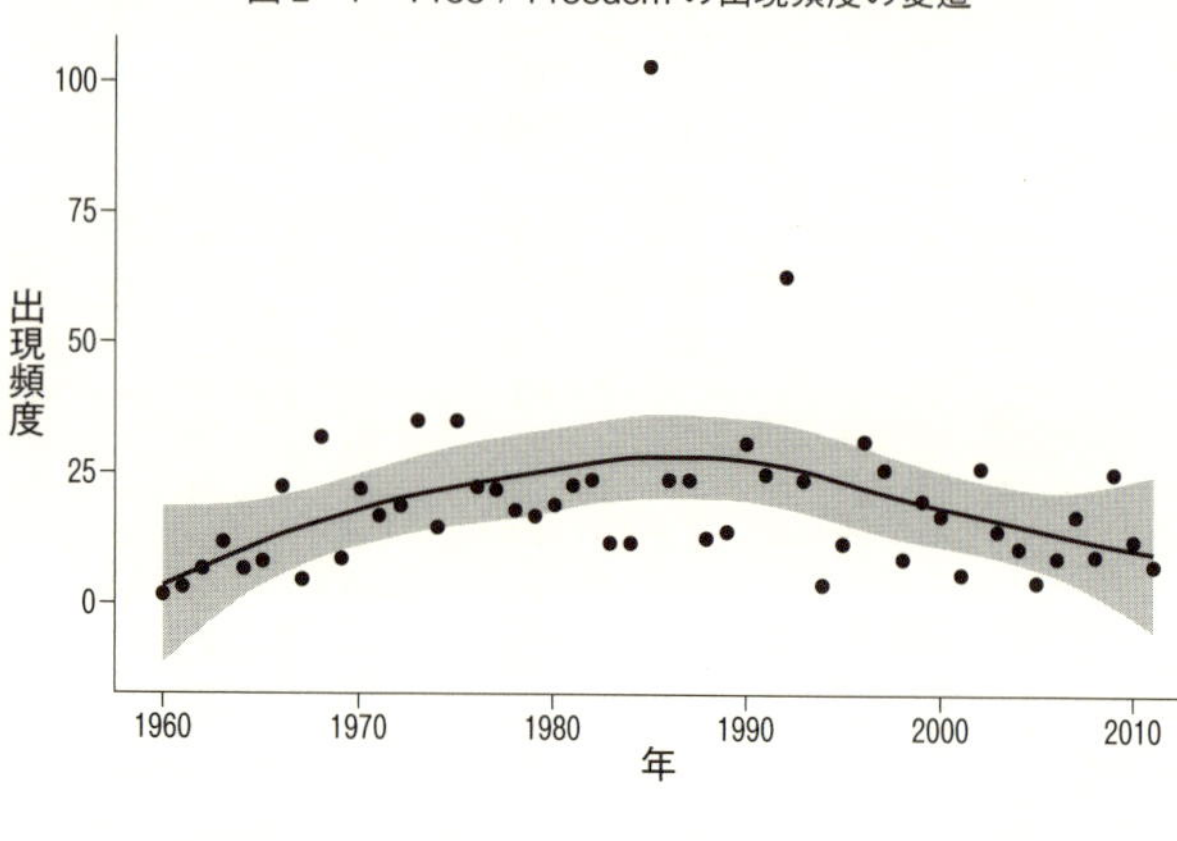

freedom を合わせた出現頻度を、年ごとに調査対象期間全体にわたって表したものである。[3] 各点は各年の頻度を表す。また、時勢的なトレンドを直感的に理解しやすくするために、「局所回帰」という手法——近辺にあるデータも反映すべく適切な統計的重み付けを施す手法——により求めた（平滑化）曲線を付してある。[4]

この図からは、60年代から80年代まで頻度が増加し、それ以降は減少に転じている傾向が読み取れる。[5] ただ、この図2-1の中には明らかな外れ値がひとつ存在する。それは、1985年にスティングの《イフ・ユー・ラヴ・サムバディ・セット・ゼム・フリー》という曲が55位にランクインしたためである。ちなみに、この曲ではfree という単語が72回繰り返されている。

しかし、ある特定の単語の出現頻度は、そもそも楽曲の歌詞がどれだけ長いか短いかによって、つまり歌詞が

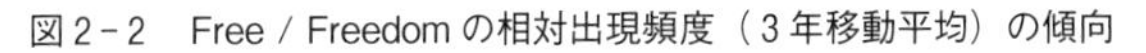

図２−２　Free / Freedom の相対出現頻度（３年移動平均）の傾向

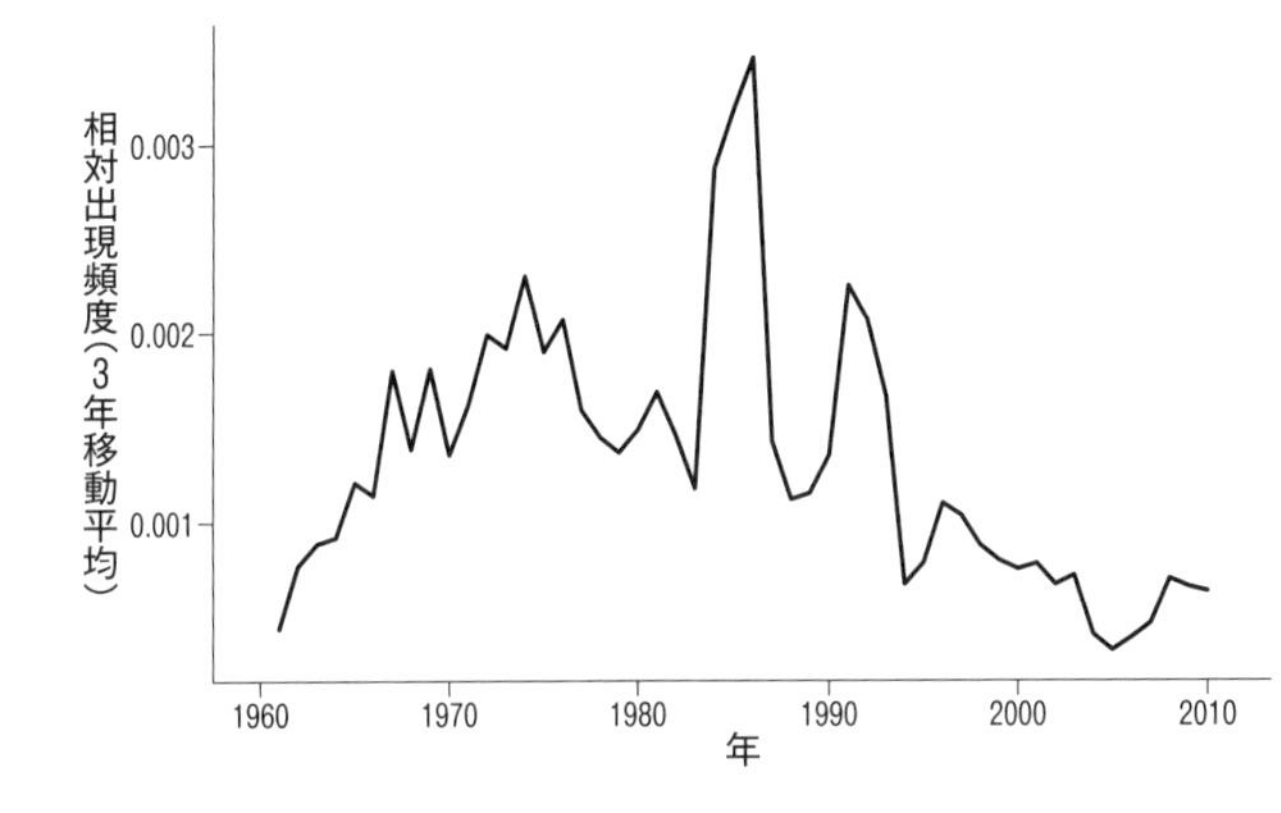

全体として含んでいる単語の総数によって、左右されるはずである。ゆえに、時系列的な傾向をより厳密に描くためには、当該の単語の出現頻度を歌詞の中で使われているすべての単語の総数で割って相対化しなければならない。

そこで、free/freedom の出現頻度を、データセットに含まれる全単語の出現頻度の合計で割った「相対（出現）頻度」を、あらためて年ごとに算出した。図２−２は、この相対頻度の推移を、３年間の移動平均をとってプロットしたものである。

この図でも、頻度がピークを迎えたのが80年代であったようにもみえる。しかし、この図からは、60年代後半から70年代にかけてもfree/freedom の登場する頻度がかなり高かった傾向もうかがわれる。先述の外れ値を勘案すると、むしろピークは80年代より前に訪れ、以後ずっと下降傾向をたどっている、と見るべきかもしれない。

もちろん、こうした定量的(クオンティテイティブ)な解析、すなわち統計的な手法を用いた集計や比較を通しての分析では、free ないし freedom という言葉にどのような意味が込められて歌詞に登場しているのかを、読み取ることはできない。直感的には、たとえば１９６０年代は公民権運動やベトナム戦争反対運動が繰り広げられた時代であり、フォークやロックなど主流のポピュラー音楽においても、どちらかというと政治の動向と関連づけられた形で自由という概念が語られたのではないか、という気がする。また、そうした「政治の季節」が過ぎ去った１９７０年代では、自由はむしろ個人の人間関係を描く中で登場するテーマとなったかもしれない、などという推論もできる。

こうした直感や推論を確かめるためには、歌詞の意味内容により深く踏み込んだ定性的(クオリテイテイブ)な考察が必要となる。そうした詳細な検討は後ほど行うこととし、もうしばらく数値に基づく分析を続ける。

さて、いよいよ、自由が他の言葉や概念と比べてポピュラー音楽の楽曲の中にどれほど頻繁に登場するのかを検証していこう。そのために、相対頻度を10年ごとに集計しなおし、一応ピークとみなすことができる１９８０年代に焦点を絞って、その時代の歌詞の中に free/freedom が登場する確率を求めてみた。この10年間に、『ビルボード』のトップ１００にランクインされた楽曲の歌詞の単語の総数は14万３５３２で、その中で free/freedom は２７１回を数える。後者を前者で割ると約０・００１８９となる。

はたしてこの値は高いといえるのだろうか。いいかえれば、このデータに基づいて（つまり、ポピュラー音楽の歌詞に映し出される限りにおいて）、アメリカの人々に自由は重要な概念として受け止められていた、といえるのだろうか。

表２-１は、各年代で最も頻繁に登場した上位20語と、free/freedom の順位を示している。この表によると、この半世紀を通して、楽曲の歌詞の中にもっとも頻繁に登場した単語が、ほぼ一貫して love であったことがわかる。北米において人気の高いポピュラー音楽は、第一義的には「恋愛」を語る音楽である、といわなければならない。

しかし、この分析結果をもって、ポピュラー音楽の根底にあるテーマやコンセプトとしての自由の重要性を軽視するのは早計であろう。というのは、表２-１のリストをいま一度よく見ると、free/freedom に匹敵するテーマ性をともなうような単語、あるいは概念として何らかの実態を捉えているような単語が、上位にほとんど見当たらないからである。たとえば、babi、oh、just、know といった単語は、たしかに free/freedom よりも頻繁に歌詞に登場するが、そうした単

表 2－1　出現頻度の高い単語ランキング*

#	1960年代	1970年代	1980年代	1990年代	2000年代
1	love	love	love	love	like
2	babi	oh	oh	babi	know
3	oh	babi	know	know	love
4	know	get	just	like	get
5	yeah	know	babi	get	oh
6	now	got	can	just	just
7	come	just	time	yeah	got
8	just	yeah	want	oh	babi
9	can	like	yeah	can	go
10	go	can	got	go	girl
11	got	come	like	want	yeah
12	girl	time	now	make	now
13	like	go	get	got	can
14	time	now	feel	come	caus
15	say	want	come	time	make
16	get	feel	night	now	want
17	littl	make	say	wanna	wanna
18	one	say	go	caus	see
19	see	take	make	feel	say
20	want	night	take	one	come
…	…	…	…	…	…
105		free	free		
…	…	…	…	…	…
145				free	
…	…	…	…	…	…
179	free				
…	…	…	…	…	…
307					free
…	…	…	…	…	…
…	…	…	…	…	…
5315	o-o-o				
…		…	…	…	…
5471			extreme		
…		…		…	…
5596		just-a			
…				…	…
9147				resili	
…					…
11034					budget

＊正確には「単語」ではなく「語幹」のランキング

語がどのようなテーマや概念を表すのかは、よくわからない。

しかも、表2-1でも示されている通り、各年代において、free/freedom より下位にランクインしている単語は何百何千と存在している。仮にこのデータセットでカバーされていない（つまり『ビルボード』のチャートにランクインされなかった）楽曲にも範囲を広げていたならば、ポピュラー音楽の歌詞全体として、表2-1のリストに含まれていない単語はさらに多く存在するはずである。

home および dream との比較

そこで、テーマ性や何らかの実質をともなうという点で、比較可能と思われる他の単語とならべてみて、自由という概念の重要性をあらためて評価してみよう。具体的には、home と dream という2つの単語を選んで、比較することにした。どちらも、意味に一定の広がりのある単語である。home は、日本語でいうと、「家庭」のほか、「故郷」や「(心の) 拠り所」などを意味する。dream は「夢」のほか、「理想」や「目標」などを意味する。どちらも、ポピュラー音楽の中では、楽曲のタイトルにも頻繁に含まれる単語であり、もちろん多くの歌詞にも登場する。

図2-3は、この3つの単語が歌詞全体の中で登場する相対頻度の（3年間）移動平均をとっ

図2-3　Free / Dream / Home 相対頻度の比較

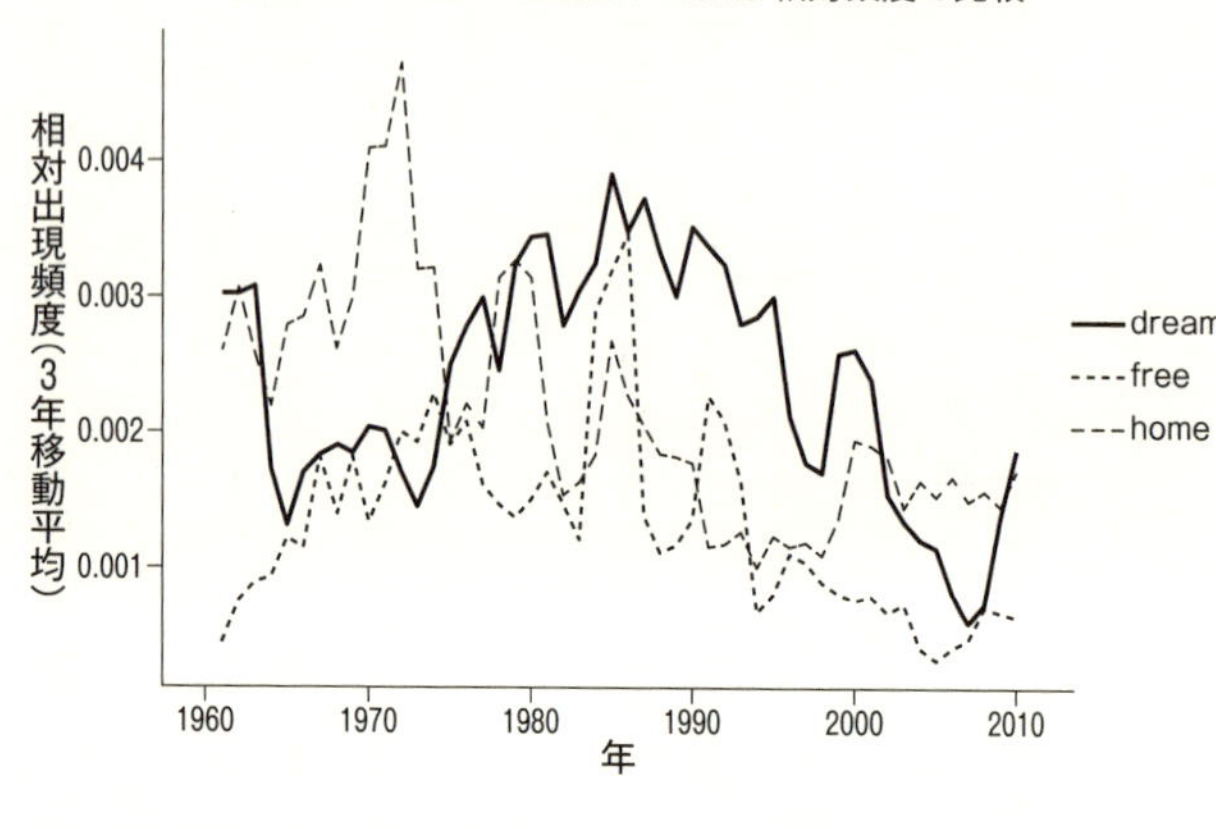

て、ならべてプロットしたものである。この図からは、これら3本のグラフが接近しており、どれもおよそ0・001から0・004の範囲で推移していることが見てとれる。この半世紀を通じて、free/freedomは、少なくともhomeとdreamと同程度に重要な位置をポピュラー音楽の歌詞の中で占めてきた、ということが、このデータ分析によって裏付けられる。

図2-3は、もうひとつの興味深い点を示唆している。それは、dreamという言葉に見られる傾向が、free/freedomとよく類似しており、どちらも1980年代にピークを迎え、その後は下降して、2000年代に底を打っている、という点である。一方、homeについては、そのようなパターンと一致しない。

ポピュラー音楽を題材にしたアメリカ文化史の研究者のあいだでは、1980年頃から「文化的変化」や「文化的進化」が進み、怒りや社会的断絶など、ネガティブな感情や表現への心理的・行動的なシフトが広く起こった、といった主張がなされている。[(6)] free/freedom と dream はともに、どちらかといえばポジティブな心理的特徴を反映している言葉と考えられなくもない。だとするならば、図2-3で見出される傾向、すなわち1980年代以降はグラフが右肩下がりとなるパターンも、先行研究でなされてきた主張をあらためて示している、と解釈できる。ただし、実は、詳細な検証をすると、この解釈には問題があることが判明する。この点については、本章の後段において、より慎重に検討していくことにしたい。

「自由」を歌う曲は長く親しまれる

たしかに1年ごとに測れば、free/freedom に言及した楽曲は love に言及した楽曲ほど、人気があるとはいえない。しかし、free/freedom が歌詞に登場する楽曲は、時間の経過とともに、その人気がじわじわと増していくのではないか。

この疑問に答えるために、『ビルボード』のデータに加えて、『ローリング・ストーン』誌「史上最も偉大な500曲」をもとに収集したテキストデータをも用いて、分析を進めてみよう。

前述したように、『ローリング・ストーン』のリストは、売上ではなく、アーティストや評論家による評価に基づいて選定されている。とはいえ、そのリストが一般の人々の評価からまったくかけ離れているとは考えにくい。むしろ、商業的成功を収めた楽曲よりも、こちらで選ばれている楽曲こそ、長い間にわたって人々に感動を与え、記憶に残り、それがゆえに「名曲」として位置付けられているとも考えられる。繰り返し演奏され、（他のアーティストによる）種々のカバーによっても取り上げられるようになると、歌詞のフレーズは、時代を超え、しばしば日常会話の中で引用されるほど広く認知されるようになる。その中には、人々の心の中へと内面化され、価値観や行動規範の一部として広く共有されているメッセージも含まれるであろう。

手始めに、この2つのランキングに含まれる楽曲の中で、歌詞に一度でもfreeもしくはfreedomという単語が登場する楽曲がどのくらいの割合を占めるのかを、それぞれ調べてみた。すると、『ビルボード』の場合は373曲で、全体5200曲の7・17％であることがわかった。一方、『ローリング・ストーン』のリストでは53曲であり、これは全体500曲の10・60％に当たる。この差は、かなり顕著であるといえる。free/freedomという言葉が、いわゆる「ヒット曲」よりも「名曲」に、より多く含まれていることが、この比較から明らかである。

さらに続けて、表2-2は、free/freedomが出現する相対頻度を、①『ビルボード』チャート上位100位にランクインしたすべての曲、②『ビルボード』の上位40位以内にランクインした

表２－２　free / freedom の相対出現頻度の比較

①ビルボード Top 100	②ビルボード Top 40	③ローリング・ストーン 500 Greatest Songs
0.00119	0.00111	0.00237

すべての曲、③『ローリング・ストーン』の「史上最も偉大な５００曲」に含まれるすべての曲について、それぞれ算出した。その結果をまとめた表2-2をみると、『ビルボード』にランクインした楽曲を分析対象とした場合と、『ローリング・ストーン』で選定された楽曲を分析対象とした場合とで、大きな差がみられる。

『ビルボード』のトップ１００やトップ40に比べ、『ローリング・ストーン』のリストに含まれる楽曲では、free/freedom が歌詞に登場する頻度が明らかに（2倍以上）高い。このことが示唆しているのは、free/freedom を含む楽曲が、リリース時や短期的にそれほど人気がなくても、長期的にはより影響力のある楽曲として評価されるようになる、という可能性である。

短期的人気と長期的評価のギャップ

どうやら、ポピュラー音楽については、短期的人気と長期的評価とのあいだにギャップがあるようである。この点をさらに浮き彫りにするため、いくつか別の角度からも検証を重ねていこう。

具体的には、年代ごとに、いくつかの基準に当てはまる楽曲をデータセットの中からそれぞれ特定した。第1の基準は、『ビルボード』トップ100に入った中で、少なくとも一度は歌詞にfree/freedom という単語が登場する楽曲のうち、最高位にランクされた楽曲である（【A】）。第2の基準は、『ビルボード』トップ40に入った中で、free/freedom という単語が歌詞の中にもっとも頻繁に登場する楽曲である（【B】）。このようにして特定された楽曲は、はたして長期的にも親しまれている、といえるだろうか。

これらの基準に従って特定された楽曲のタイトルとアーティスト名、そしてランキングを、表2-3にまとめた。

表2-3が浮き彫りにしているのは、free/freedom という言葉が登場する楽曲については、それらのうちどれが短期的にヒットするかということと、どれが長期的に名曲として評価されるようになるかということとの間に、およそ関係がない、という事実である。【A】と【B】の基準で特定された楽曲は、注目すべきことに（そして私自身も驚いたのだが）、『ローリング・ストーン』誌の「史上最も偉大な500曲」に、ひとつも選ばれていない。

次に、見方を逆にして、『ビルボード』にランクインしているかいないかにかかわらず、『ローリング・ストーン』のリストの方に掲載された楽曲に焦点を絞ろう。そして、その中で、歌詞に

表2－3　短期的人気と長期的評価のギャップ

【A】ビルボード Top100の中で、最上位にランクされた free/freedom を含む楽曲

	アーティスト名	楽曲名	ビルボードでの順位（年次）	ローリング・ストーンでの順位
1960s	Rascals	People Got To Be Free	5位（1968）	ランク外
1970s	Tony Orlando and Dawn	Tie A Yellow Ribbon ‘Round The Ole Oak Tree	1位（1973）	
1980s	Chicago	Look Away	1位（1989）	
1990s	Wilson Phillips	Hold On	1位（1990）	
2000s	Sean Paul	Get Busy	3位（2003）	

【B】ビルボード Top40の中で、free/freedom の相対出現頻度が最も多かった曲

	アーティスト名	楽曲名	ビルボードでの順位（年次）	ローリング・ストーンでの順位
1960s	Roger Williams	Born Free	12位（1968）	ランク外
1970s	Dogie Gray	Drift Away	17位（1973）	
1980s	Kim Wilde	You Keep Me Hangin’ On	34位（1987）	
1990s	Snap	Rhythm Is A Dancer	25位（1993）	
2000s	Kid Cudi	Day‘n’Nite	28位（2009）	

【C】ビルボードになくローリング・ストーンにある中で、最上位にランクされる free/freedom を含む楽曲

	アーティスト名	楽曲名	ローリング・ストーンでの順位	ビルボードでの順位
1960s	Bob Dylan	Blown’ in the Wind	14位（1963）	（ランク外）
1970s	Bruce Springsteen	Thunder Road	86位（1975）	
1980s	Bob Marley and the Wailers	Redemption Song	66位（1980）	
1990s	Metallica	Enter Sandman	408位（1991）	
2000s	U2	Moment of Surrender	160位（2009）	

free/freedomという単語が少なくとも一度は登場する楽曲のうち、最も高い順位の曲を年代ごとに特定した（【C】）。

表2-3【C】にまとめた結果には、時代を超えて偉大な曲としての地位が確立している、たとえばボブ・ディランの《(邦題) 風に吹かれて》やボブ・マーリー&ザ・ウェイラーズの《リデンプション・ソング》が含まれている。しかし、これらの楽曲でさえ、『ビルボード』のチャートにはランクインしていないことがあらためて確認される。

ポピュラー音楽においては、爆発的に人気を博したという事実は、「名曲」を構成する要件ではまったくないことがわかった。さらに、以上の分析からは、とくに自由に言及する楽曲については、短期的に人気が高かった曲は、むしろ歴史的に高い評価を残さない傾向にある、とさえいえるのである。

繰り返すが、統計的に数値を集計したり比較したりする定量的分析で明らかにできることは、限られている。確かなのは、時代を超えた名曲といわゆるヒット曲との間に歴然としたギャップがあるということのみであり、なぜそのようなギャップが生まれるのかは、想像するほかない。ひとつ考えられるのは、free/freedomという言葉が歌詞の中で持つ意味が、時代を超えて共通でないという可能性であろう。つまり、ある時に爆発的にヒットした楽曲のポピュラリティーがその時代に限定的でしかないのは、自由の概念の意味が（時代的）背景に応じて異なることによる、という可能性である。

では、いったいどのような政治的、社会的、あるいはその他の背景的文脈が、ポピュラー音楽の歌詞の中に free/freedom を出現させることになるのだろうか。free/freedom という言葉と関係するテーマやコンセプトを、年代ごとに抽出し、そこにどのような変化が起こったかを読み取ることができるだろうか。

「自由」を歌う感情の変化

本章で用いているテキスト分析という手法の醍醐味は、実は単語の出現頻度をただ数えあげることでなく、単語に込められた意味や感情を周りの単語との関係性の中から解読していくことにある。

そこで、ここからは、データセットに含まれるすべての曲ではなく、歌詞の中に free もしくは freedom という単語が少なくとも一度は登場する楽曲のみに分析対象を限定し、そうした楽曲の歌詞がどのような内容を表現しているのかに焦点を当ててみよう。

テキスト分析を進めるに当たって注意しなければならないのは、分析する側（つまり私）が、自分の観点にあわせて都合よく恣意的にテキストを解釈できないような手順をふまなければならない、ということである。一般には、第三者や専門家が作った既存の「シソーラス」や「辞書」を用いて、その中で定義されている意味を参照しながらテキストを解読していく、という手法が採られる。以下では、LIWC（Linguistic Inquiry and Word Count）という、感情分析のためのソフトウェアを活用する。(7)

LIWCには、言語学や心理学などで定義される感情のカテゴリーがあらかじめいくつも設定されている。たとえば、「怒り」というカテゴリーや「悲しみ」というカテゴリー、あるいはそうした感情を統合した「ネガティブな感情」といったカテゴリーである。そして、各カテゴリーには、その感情と関係すると経験的に認められる単語が網羅的に列挙されている。この分類枠組に依拠し、分析対象のテキストに含まれている全単語のうち、各カテゴリーに属する単語がどのくらいの割合を占めるかを計算することで、どのような感情を表現するテキストなのかを評価することができる。

まず、大括りな「ポジティブな感情」と「ネガティブな感情」という対照的カテゴリーに依拠して、ポピュラー音楽で用いられる時に free/freedom という言葉がそれぞれとどの程度結びついているのか、そしてその結びつきが時代とともにどう変遷してきたのかを見てみよう。(8) これら2

つの傾向を5年および10年のインターバルでプロットしたのが、図2-4である。

すでに紹介したように、アメリカの文化史研究者の間では、1980年代に全般的な文化の「変化」ないし「進化」が起こり、ポピュラー音楽の歌詞の上でもポジティブからネガティブな感情へのシフトが起こったという説が唱えられることがある。図2-4に見出されるパターンも、そうした主張を裏付けているといえないこともない。5年ごとに見ても10年ごとに見ても、free/freedomという言葉とポジティブな感情との結びつきは、緩やかながら確実に低下していることが見てとれる。

一方、ネガティブな感情との結びつきのパターンは、そう単純ではなさそうである。たしかに、80年代以降に限ってみれば、その関連は緩やかに増加している。しかし、図2-4をよく見ると、60年代から70年代にかけて、free/freedomがネガティブな感情と強く結びついていたことがうかがわれる。そもそも先行研究などが指摘している「文化的シフト」なるものが何を意味するのかは曖昧であるが、仮にそのようなものがあったというのであれば、ネガティブな感情に関するトレンドには、2つ（以上）の転換点があったとも解釈できるように思われる[9]。

おそらく、ここで立ち止まって注意すべきなのは、ネガティブな感情とひと括りにしてしまうと、実際にはさまざまなタイプの感情がそこに入り込んでいる可能性を見落としてしまう、とい

図2-4　free / freedom を含む楽曲の感情の推移：ポジティブとネガティブ

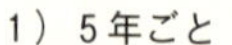

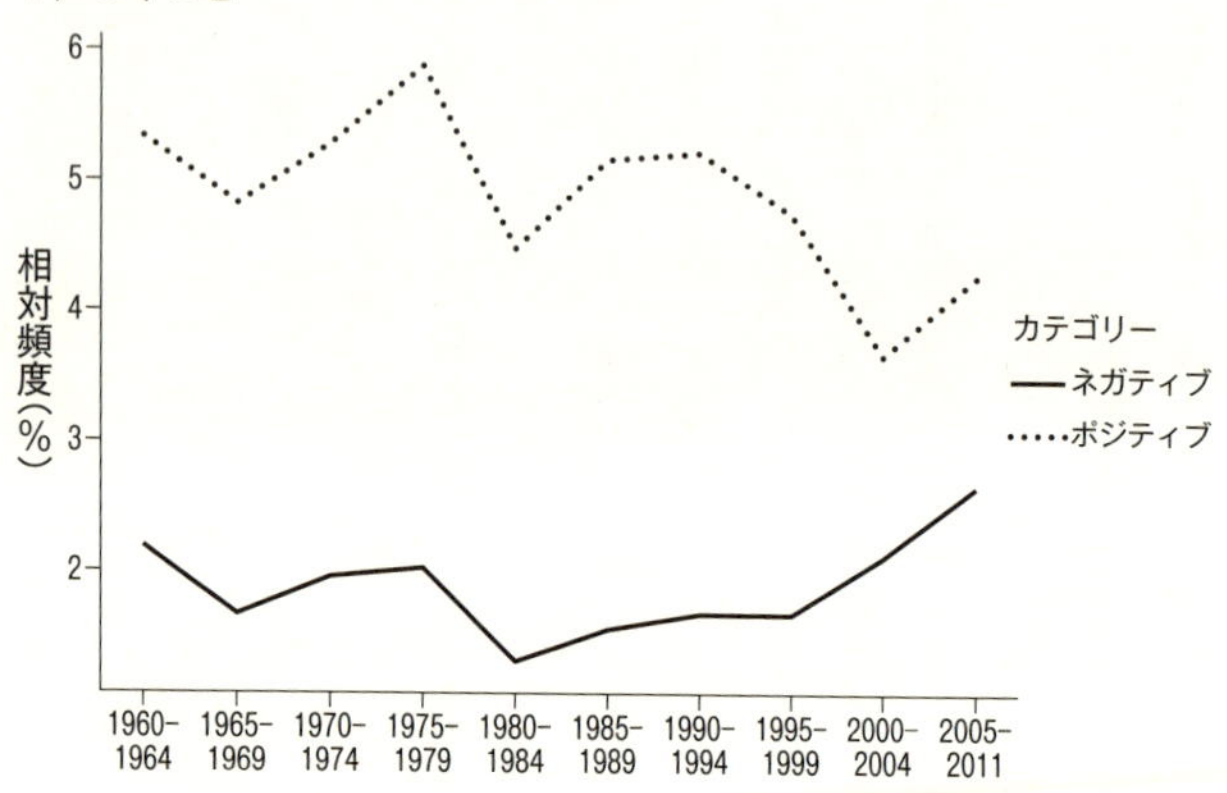

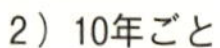

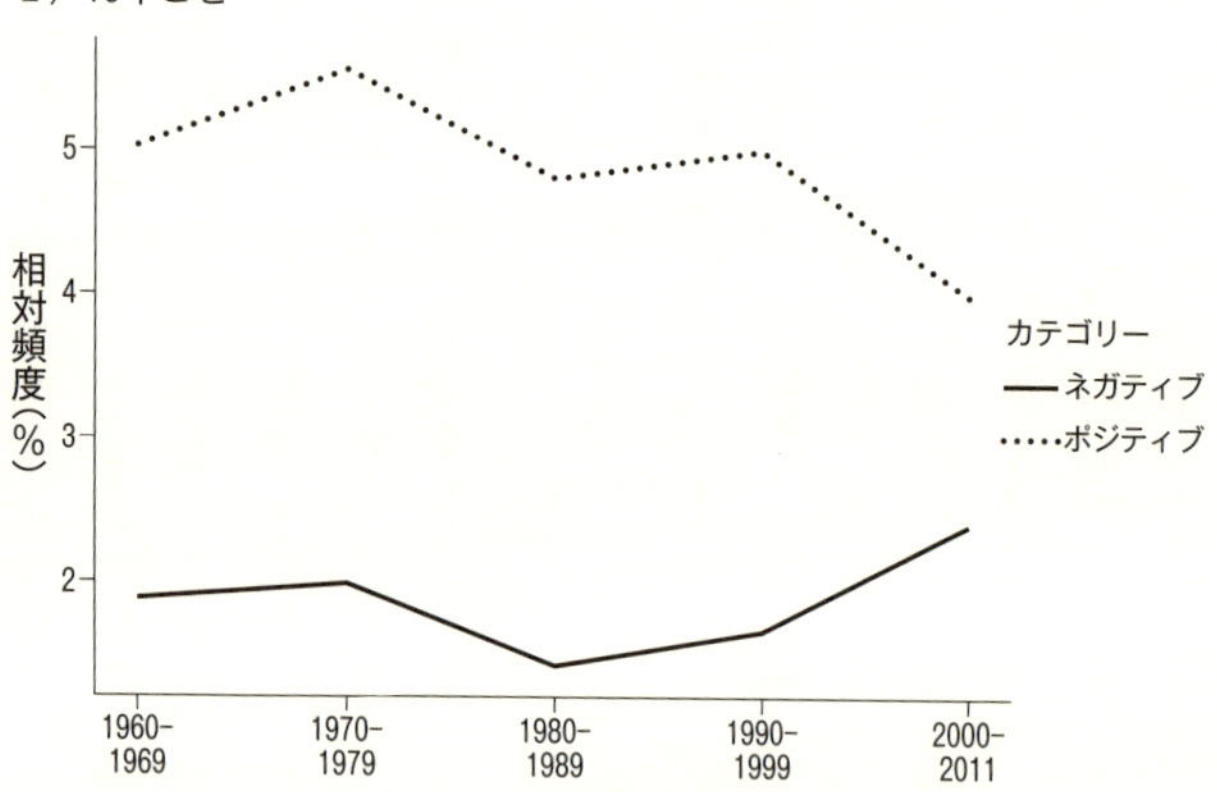

うことであろう。さらに、時代によって、free/freedomという言葉と関連づけられるネガティブな感情のタイプが異なるという可能性も、大いにありうると思われる。

ただし、あまり単純化して考えるのもよくないのかもしれない。たとえば１９６０年代は公民権運動や反戦運動が繰り広げられた時代であったが、だからといってfreeやfreedomという言葉と関連づけられるネガティブな感情が、つねに政治の動向と関連づけられて捉えられていたとは限らない。それ以外の時代でも、政治に対する不満や社会への憤りがネガティブな感情として表現されていることもあるだろう。

ＬＩＷＣには、大括りのカテゴリーとともに、より細分化された感情のカテゴリーも用意されている。本研究で用いた２０１５年版のＬＩＷＣでは、「ネガティブな感情」のサブカテゴリーとして、①不安（Anxiety）、②怒り（Anger）、③悲しみ（Sadness）、の３つがあると定義されている。[10]

そこで、図2-5では、「ネガティブな感情」を分解し、先ほどと同じく5年と10年のインターバルで、不安、怒り、悲しみそれぞれとfree/freedomという単語との関連性を時系列にプロットしてみた。

この図からは、ネガティブな感情を構成する要素が、80年代以前と90年代以後とで著しく異

図２－５　free / freedom を含む楽曲の感情の推移：不安、怒り、悲しみ

1）５年ごと

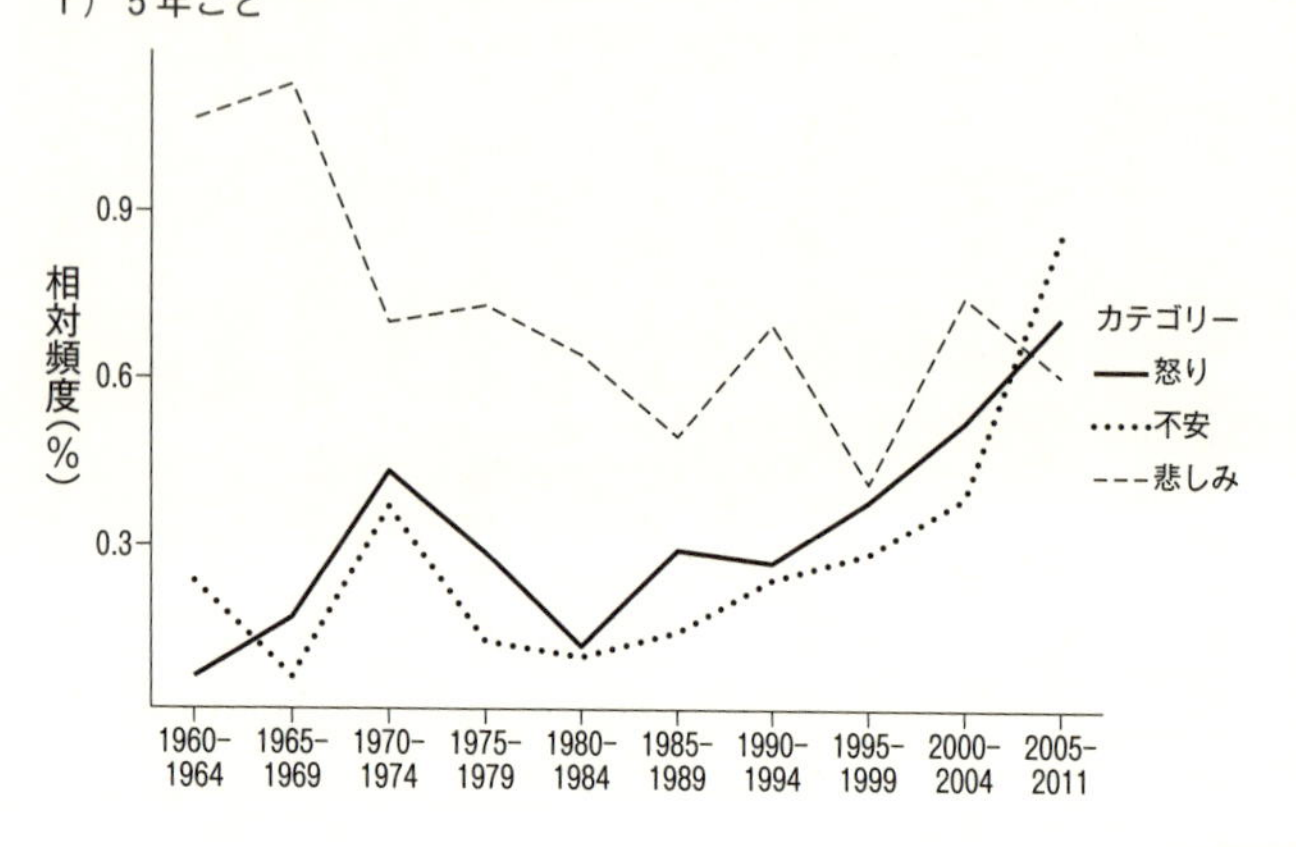

2）10年ごと

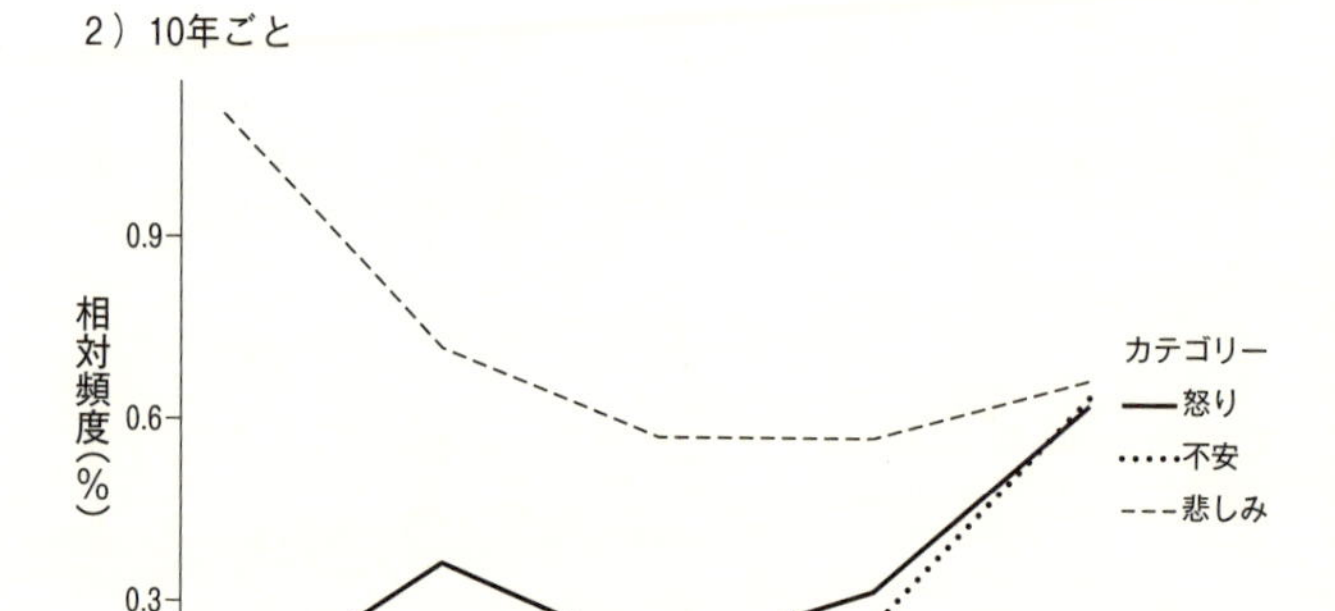

なっていることが裏付けられる。前者、とくに60年代においては、free/freedomという言葉がネガティブな感情と結びつけられる場合、怒りや不安ではなく、悲しみが圧倒的に多かったことがうかがわれる。この悲しみとの関連性は、しだいに低下している。一方、後者においては、free/freedomに関連づけられるネガティブな感情として、不安や怒りが急激に増えたことが見てとれる。

全体として、ネガティブな感情との関連が近年高まっているのは、悲しみではなく、怒りや不安といった感情の増加がその背景にある、と特定される。こうした細かな違いを、「文化的変化」や「文化的進化」などという大雑把な捉え方で明らかにすることはできない。

「自由」に込められたネガティブな感情とは

さて、直感的には、悲しみはどちらかというと内向的、すなわち自分自身が抱えこむ感情であり、他方、不安や怒りは周りの環境に対して向けられる感情である、という違いがあるように思える。ただ、私は心理学者ではないので、それぞれの感情の特徴について、ましてやそれぞれの感情がどのように生成されるのかについて、専門的な解説をすることはできない。

その代わりに、ここでは実際に楽曲の歌詞の中でfree/freedomという言葉が登場する文脈をすこし詳しく引用して、感情の違いを明確にしてみたい。具体的には、１９６０年代と２０００年代にビルボードチャートの上位40位までにランクインされた楽曲のうち、１つずつを選び、悲しみや怒り、不安といった感情がどのように描かれているかを見ていこう。

１９６０年代の楽曲としては、ジョニー・ティロットソン の《涙ながらに》（原題：It Keeps Right On A-Hurtin'）を選んだ。この曲は、１９６２年の年間チャートで18位にランクされた曲である。一方、２０００年代の楽曲としては、ゴリラズの《フィール・グッド・インク》を選んだ。この曲は、２００５年に37位、２００６年にも97位にランクインした。以下に、それぞれの歌詞の中から、free/freedom を含む主要部分を再録し、解説していこう。（＊歌詞を引用するにあたっては、前者はティロットソンの公式サイト https://johnnytillotson.com/ に貼られたリンクに、後者は公式ミュージック・ビデオに、それぞれ依拠した。）

まず、１９６０年代にヒットした《涙ながらに》は、疑いようもなく、失恋の歌である。以下、引用した2番ヴァースの中では、語り手がかつての恋人を忘れられず、感傷に浸っている自分の心情が非常にシンプルかつ直接的に歌われている（♪2-1参照）。

とりわけ下線①〜④を付した単語やフレーズ、すなわち「泣く」（cry）、「心が壊れる」（heart breaks down; broke my heart）、「涙」（tears）、そしてタイトルにも入っている「傷つく」（hurtin'）な

♪2-1　ティロットソン《涙ながらに》/2番

They say a man should never cry①
But when I see you passing by
My heart breaks down② and cries a million tears③
You broke my heart② and set me free
But you forgot your memory
And keeps right on a-hurtin'④ since you're gone

［作詞・作曲　Johnny Tillotson, "It Keeps Right On A-Hurtin'," 1962（The Official Johnny Tillotson YouTube channel）］

どが、悲しみの感情を構成している。なお、この語り手は男性という設定になっているが、1960年代のジェンダーに関するステレオタイプに従えば、まさに冒頭のセンテンスが物語っている通り「男はけして泣いてはいけないのだそうだ」（They say a man should never cry）ということであった。それゆえ、（泣いているのが女性であるという設定よりも）悲しみの感情がことさら大きいことが示唆されている、といえるであろう。

この歌では、「自由」という単語は、（You）set me free、訳すと「（君は）僕を自由にした」というセンテンスに登場する（網掛け部分）。率直にいえば、語り手の男性はパートナーから振られたのである。しかし、関係が切れたという意味で「自由の身」になったものの、語り手はいまでも過去を引きずっている。「通り過ぎていく」君は、「想い出という忘れ物をおいていった」。だから、「（君は）僕を自由にした」けれども、本当は「僕」は決して自由ではない。そういうメッセージが伝わってくる。

♪2-2　ゴリラズ《フィール・グッド・インク》/1番の抜粋およびサビ

City's⑤ breakin' down❶ on a camel's back
They just have to go 'cause they don't know wack
So while you fill the streets⑥, it's appealing to see
You won't get out the county⑦ 'cause you're damned and free[A]
You've got a new horizon, it's ephemeral style
A melancholy❷ town where we never smile
……

Windmill, windmill for the land
Turn forever, hand in hand
Take it all in on your stride
It is ticking❸, falling down❹
Love forever, love is free[B]
Let's turn forever, you and me
Windmill, windmill for the land
Is everybody in?

［作詞・作曲　Damon Albarn, David Jolicoeur "Feel Good Inc." 2005（The Official YouTube home of Gorillaz）］

さて、対照的に、2000年代にヒットした《フィール・グッド・インク》からは、感傷に浸るような悲しみの感情を読み取ることはできない。この楽曲は、ヒップホップ調でテンポがはやく、きわめて長い歌詞が付されている。上に引用したのは、1番ヴァースの抜粋とサビに当たる部分であるが、この部分に限っても歌詞はきわめて難解なので、解説を分かりやすくするため、試訳も添えた（♪2-2参照）。

この歌詞から浮かび上がって

街が壊れていく　ラクダの背中の上で
あいつらは　いなくなっていくほかない
だって　あいつら　何もわかっちゃいないから
で　君たちが通りを埋め尽くす
それは　見ていて魅力的だ
でも　君たちがここから出ることはない
だって 君たち　自由でダメな奴らだから
新たな地平を手に入れたけれど　それは一過性のもの
ここは憂鬱な街　誰も微笑みさえしない

（中略）

風車よ　風車よ　大地のために
ずっと回り続けろ　手を取り合うように
回転して、何もかも飲み込んでしまえ
刻々と迫っている　落ちていく
永遠の愛　愛は自由
ずっとまわり続けよう　君と僕
風車よ　風車よ　大地のために
みんな　ついてくるよね？

（著者試訳）

くるのは、現代社会の殺伐さや虚無、そしてそうした中で人間がいかに無為に生きていかなければならないか、という絶望である。まず、下線❶〜❹を引いた部分に注目しよう。「壊れていく」（breakin' down）、「憂鬱」（melancholy）、「刻々と迫る」（ticking）、「落ちていく」（falling down）といった単語やフレーズは、緊迫した状況、またそうした状況に対する不満や苛立ちを伝えている。さらに、この歌詞の中では、下線⑤〜⑦を引いた「市」（city）、「通り」（streets）、

「郡」(county) といった、制限された空間や場所を表す言葉も多用されている。これらには、そうした緊迫した状況に閉じ込められ、抜け出られない諦めの感情が滲み出ているように思える。

この楽曲の中では、自由という単語は2つの文脈で用いられている。ひとつは、崩壊した街を占拠する(新しい世代である)「君たち」が「自由でダメな奴ら」(damned and free) だと宣告される文脈(網掛け部分Ⓐ)である。[11] うまくこのニュアンスを日本語で表すのは難しいが、意訳すると「自分を自由だと思い込んでいるだけ」の存在、という意味であろう。自由であると信じていても、結局は知らず知らずのうちに社会の側にからめとられている存在、といってもいいかもしれない。なぜなら、「君たち」は、「ここから出ることはない」(you won't get out) 存在として描かれているからである。

もうひとつは、サビの部分の風車の比喩においてである。風車は、やや強引に解釈すれば、「手を取り合うようにして」(hand in hand) 回っている社会の歯車をイメージさせる。風車は、大地(すなわち社会)のために「永遠」(forever) に回り続けることを運命づけられている。たしかに、愛も「永遠」などといわれる。愛は「自由」などともいわれる(網掛け部分Ⓑ)。しかし、またしても、現代社会の中で自由でいられるなどと考えるのは幻想に過ぎないとばかりに、揶揄される。なぜなら「君と僕」(you and I) も、結局は、風車としてまわり続けるほかない。そして、そうだよね、そうするしかないんだよね（Is everybody in?）と皆に同意を求めて、このヴァースは終わるのである。

この楽曲のタイトルの《フィール・グッド・インク》（Feel Good Inc.）は、直訳すれば「いい気分会社」である。現代の社会においては、主体的に、つまり自分の自由な行動や理想に基づいて、「いい気分」に到達することなどできない。現代社会とは、みんなで「いい気分」になることを強いられる装置、あるいはみんなで「いい気分」になったと錯覚させられている仕掛けに過ぎないのだ、というメッセージが暗示されている。

以上から、《涙ながらに》と《フィール・グッド・インク》とでは、歌詞に込められているネガティブな感情が全く異なることを明確にできたのではないか、と思う。一口に「ネガティブな感情」と括っても、そこにはさまざまな構成要素が入り込む可能性がある。

筆者は、ここで取り上げて詳しく解説した二つの楽曲が、１９６０年代と２０００年代をそれぞれ代表する作品である、などというつもりはない。しかし、《フィール・グッド・インク》に歌われているテーマ、すなわち複雑な社会に収監されてしまったかのような人々、そしてそうした人々にとっての自由への渇望を、１９６０年代においてポピュラー音楽の歌詞の素材にすることはありえなかったと断言できる。また逆に、《涙ながらに》のような失恋の痛手を引きずる男性が自らの不自由を感傷的に歌う曲が、２０００年代のヒット曲となることもありえなかったであろう。

各時代に流行し、自由という言葉が含まれている楽曲を、上記のようにひとつひとつ詳しく検証していけば、そこにさまざまなネガティブな感情が埋め込まれていることが明らかになるであろう。こう見てくると、文化の「変化」や「進化」などという、大上段に構えかのような捉え方で、ポピュラー音楽の発展を分析したり解釈したりすることには、あまり意味がないように思われる。

まとめ

本章では、１９６０年から２０１１年までのアメリカのポピュラー音楽の歌詞データを自ら構築して、free および freedom という概念がどれほど重要であったか、またそれがどのような感情と結びついていたかを検討した。この章の（定量的）分析や（定性的）考察からは、多岐にわたる知見が明らかになったので、整理しておきたい。

①ポピュラー音楽の中で、free/freedom は、love ほどは頻繁に登場しないものの、home や

dreamといった実質的内容やテーマをともなう他の概念と同程度に頻繁に歌詞の中に登場する。

②free/freedomという言葉は、短期的にヒットした楽曲よりは、長期的に評価の確立している楽曲に、より頻繁に登場する。

③ポピュラー音楽の歌詞の中で、自由という概念がどのような感情と連動して捉えられているかは、時代によって異なる。

④ポピュラー音楽の歌詞における自由という概念と結びついていたネガティブな感情は、１９６０年代初頭ではおもに「悲しみ」であったが、２０００年代以降ではむしろ「怒り」や「不安」が増加している。

本章の後段の方で示唆した通り、自由という言葉に異なる感情が込められているのは、そもそもポピュラー音楽を取り巻くアメリカの政治社会環境がつねに大きく変容しているからであると思われる。そこで、次章では、そうした政治社会的な変化により重点をおいて、自由という概念の発展を振り返ることにしよう。

（1）この研究の初期の段階で、GitHub リポジトリに walk-erkq/musiclyrics という、ポピュラー音楽の歌詞のデータセットが存在し、当時まだ草稿段階にあった Charlotte O. Brand, Alberto Acerbi, and Alex Mesoudi（2019）, "Cultural Evolution of Emotional Expression in 50 Years of Song Lyrics," *Evolutionary Human Sciences*（volume 1）で使用されていることを知った。しかし、この既存のデータセットは１９６０年から１９６４年の期間をカバーしていないという欠点に加え、クリーニングが不十分で、歌詞に含まれない repeat などの単語がそのまま残されていた。それゆえ、包括的なテキスト分析を行うにはふさわしくないと判断し、独自のデータセットを構築することにした。

（2）データセットの構築については、本章の分析が依拠している研究論文、Masaru Kohno, Masanori Kikuchi, and Shinji Tsukada（2019）, "Freedom in American Popular Music: A Text Analysis of Top-ranking Song Lyrics from the 1960s to the 2000s", presented at POLTEXT 2019: The 3rd International Interdisciplinary Symposium on the Quantitative Analysis of Textual Data で、詳細に説明している。筆者のリサーチマップ、https://researchmap.jp/read0129663/presentations/18043531参照。

（3）free-ee-e や freeeeee などの変則的なケースもこの数に含めた。

（4）曲線の周りの帯のようなものは、統計的な「（95％）信頼区間」を表す。

（5）なお、念のため記せば、「年代」の数え方は（「世紀」と異なり）起点をＸＸ０年とするのが通例であり、本書でもそれに従う。ゆえに、たとえば、１９６０年代とは１９６０年から１９６９年までの10年間のことである。

（6）たとえば、Brand et al.（前掲論文）のほか、C. Nathan DeWall, Richard S. Pond, W. Keith Campbell, and Jean. M. Twenge（2011), "Tuning in to Psychological Change: Linguistic Markers of Psychological Traits and emotion Over Time in Popular U.S. Song Lyrics." *Psychology of Aesthetics, Creativity, and the Arts*, 5(3): 200–207を参照。

（7）これは、もともと心理学者たちが考案したもので、英語版は有料だがダウンロード可能である。この分析では、２０１５年版を用いた。James W. Pennebaker, Ryan L. Boyd, Kayla Jordan, and Kate Blackburn（2015), University of Texas at Austin.

（8）本章の分析で用いた２０１５年版のＬＩＷＣでは、ポジティブな感情を表す単語は６２０語、ネガティブな感情を表す単語は７４４語、それぞれ含まれている。

（9）この点に関連して、先行研究のひとつであるBrand et al.（前掲論文）で使用されているデータセットが１９６５年以前の期間をカバーしていないことは、注意を要すべき点であり、私にいわせれば致命的な欠陥である。もうひとつの先行研究であるDeWall et al.（前掲論文）の分析は、１９８０年から２００７年までの期間に限定されており、しかも各年の『ビルボード』チャートで最も人気のある10曲のみを対象としているので、とても包括的な分析とはいいがたい。

（10）「不安」を表す１１６語、「怒り」を表す２３９語、「悲しみ」を表す１３６語が含まれている。

(11) 全般的に、この楽曲は聴き取りにくく、微妙に異なる歌詞のヴァージョンが存在する。この部分についても、dammed and free ではなく、dammed as free あるいは dammed ass free と文字起こしされている場合もある。

第3章　異なる時代の歌詞に映し出される自由

時の流れを表現するにあたって、私たちは何の気なしに60年代、70年代……などと、10年ごとの時代区分を用いることが多い。ポピュラー音楽を語る上でも、たとえば「フォーク・ロックというジャンルが生まれたのは1960年代である」、「1970年代を代表するバンドはイーグルスだ」などという。ただ、考えてみれば、10年という期間を一塊りの同時代として扱うことに、必ずしも合理的根拠があるわけではない。日本では、「昭和の歌謡曲」、「平成のアイドル」などと、年号による区分に基づいてポピュラー音楽の変遷を語ることもある。これらの言葉も、単に印象として用いられているだけであろう。

しかし、アメリカの音楽史、とりわけアメリカのポピュラー音楽の発展をたどろうとする上では、60年代、70年代……と、10年に区切ることに、一定の正当性があるのではないかと考える。

その理由は、つきつめれば、10年ごとの時代区分を多くの人が自明のものとして受け入れているから、というほかないのであるが、本当に多くの人がそのような認識を共有しているとすれば、共通認識自体がひとつの根拠となる。加えて、英語には、10年間を表現するdecadeという単語がある。日常の言語感覚としても、10年を一塊りの同時代と捉えることに、慣れているのではないかと思う。

アメリカにおいて定期的に起こる最も重要なイベントといえば、いうまでもなく、4年ごとに実施される大統領選挙である。大統領選挙の結果、民主党と共和党という二大政党の間で政権交代が頻繁に行われる。この政治サイクルも、各年代、すなわち各 decade を特徴づける欠かせない要素となっている。実際、ある年代についての記憶は、その時誰が大統領だったかを思い出すことで、より鮮明なイメージとして蘇る。たとえば、１９６０年代といえばケネディとジョンソンの民主党政権が続いた時代、１９８０年代はレーガンとブッシュの共和党政権が続いた時代、というようにである。

本章では、60年代、70年代、80年代、そして90年代以降（２０１０年ぐらいまで）という４つの時代に分けた上で、「自由」という言葉が登場する有名な楽曲を2、3曲ずつ取り上げ、その意味や文脈を検討していきたい。

ポピュラー音楽の中で表現される自由の概念が、各時代によって異なる政治状況や社会背景に影響を受けていないはずはない。また、反対に、楽曲の中での自由の表現の違いを明らかにすることで、各時代の政治や社会の特徴の一端を描き出すことも可能ではないかと思われる。

（以下、本章における歌詞の引用は、できるだけ各楽曲のオフィシャルサイトに依拠し、オフィシャルサイトがない場合にはオリジナルな音源に基づいて文字起こしをしたことをお断りする。巻末のＵＲＬリストを参照されたい。）

1960年代

1960年代は、アメリカの政治と社会が激動した時代であった。60年代の前半には、黒人に対する人種差別の撤廃を求めた公民権運動が大規模に展開された。後半には、ベトナムへの軍事介入に反対する反戦運動が広がった。この二つの流れは複雑に連動しながら、人々の考えや行動に多大な影響を及ぼした。

こうした時代背景を反映して、1960年代のポピュラー楽曲に登場する「自由」(free, freedom) という言葉には、社会の現状に対する不満や政治的主張を表現しようとしたものが目立つ。当初、そうした不満や主張は、(黒人たちを中心として) 教会の中で神に語りかけるように歌われていたが、そのあと、宗教と世俗との境界はしだいになくなっていく。第1章で提示した自由の概念の4つの分類に則していうと、この時代の楽曲でとくに印象深く表現されているのは、(Ⅲ) 宗教的信念としての自由、そして (Ⅰ) 政治社会的な自由である。

運動の絆——フリーダムソング

公民権運動とは、アメリカの黒人 (アフリカ系アメリカ人) に対する差別の解消と彼らの基本的人権を要求した運動である。

この運動は、公立学校における人種隔離を憲法違反とした１９５４年の連邦最高裁判決「ブラウン対教育委員会」、アラバマ州モンゴメリーで１９５５年に起こったバスボイコットなど、いくつかの重要な契機を経て、すでに50年代後半から、差別が激しかった南部を中心に勢いづいていた。そして、60年代に入ると、マーティン・L・キング牧師の卓越したリーダーシップのもと、より全国的な運動へと発展した。民主党のジョン・F・ケネディが公民権法制定を公約に掲げて選挙に勝ち、１９６０年に大統領に就任したことも、この運動を大きく後押しした。

１９６３年8月28日、公民権運動の高揚は、いわゆる「ワシントン大行進」（正式にはMarch on Washington for Jobs and Freedom）で頂点に達する。キング牧師らが非暴力的で秩序ある行動を徹底して呼びかけ、全米各地からバスや列車を乗り継いできた20万人以上の人々が首都ワシントンに集結し、リンカーン記念堂を目指して行進した。音楽イベントが開かれ、他の指導者たちがスピーチを終えて、最後にキング牧師自身が演説した。「アイ・ハブ・ア・ドリーム」（I have a dream）として知られる至宝の演説である。大観衆の前で行われ、しかも全国ネットワークのテレビで放映されたことで、キング牧師を知らなかった多くの白人たちも差別問題の重大さをあらためて認識するきっかけとなった。

1963年８月28日のワシントン大行進。キング牧師らの指導により非暴力的かつ整然と行われた。[出所：United States Library of Congress]

公民権運動に、音楽が果たした貢献は計り知れない。(1)

この運動に参加した人々が、デモや集会の際に口ずさんだ一群の楽曲がある。それらは、Freedom Songs（以下「フリーダムソング」）と総称される。政治的な意味合いをより明確に込めて、「公民権賛歌」（Civil Rights Anthem）と呼ばれることもある。

フリーダムソングとして知られる楽曲すべてが、歌詞に自由（free/freedom）という単語を含んでいるわけではない。たとえば、フリーダムソングとしてはおそらく最も著名な（日本でも《勝利を我らに》として知られる）《ウイ・シャル・オーバーカム》という楽曲の歌詞には、freedomとfreeのどちらも登場しない。他方、オデッタ（Odetta）をはじめ多くの歌手が歌ったことで知られる旧歌《オー フリーダム》には、

♪３－１　《オー　フリーダム》／１番

> Oh freedom, oh freedom, oh freedom over me
> And before I'd be a slave
> I'll be buried in my grave
> And go home to my Lord and be free

作者不詳

freedom と free が繰り返し登場する。ここでは、１番ヴァースのみを引用する（♪３－１参照）。

当時フリーダムソングを口ずさむことは、公民権運動を支持しているという意思を表す行為、あるいは公民権運動にコミットしているという態度を表明する行為とみなされた。いいかえれば、それは政治的、社会的な行為であった。そうであるがゆえに、デモや集会に参加した人たちが声をあわせて歌うことは、彼らの目的意識や連帯感を高揚させる上で、きわめて重要な役割を果たしたのである。実際、ワシントンでは、それまで何の接点もなかった南部の貧しい黒人たちとそれ以外の地域の中間階層の人々とが、同じ歌を合唱しながら、手を取り合って行進した。

崩れ去る聖俗の壁

すこしややこしいが、重要な点なので断っておくと、フリーダムソングは厳密には「ポピュラー（＝流行した／大衆的な）」音楽ではない。これらは、霊歌やゴスペルなど、以前からおもに黒人たちが教会で歌っていた楽曲だからである。

ところが、公民権運動の過程で、フォークシンガーたちが、そのいくつかを自分たちの持ち歌にした。たとえば、《ウイ・シャル・オーバーカム》についていえば、早くからそれを歌って広めていたのはピート・シーガーであった。また、ワシントン大行進の際に開かれた音楽イベントで《オー フリーダム》を歌ったのは、当時まだ22歳のジョーン・バエズであった。

こうした経緯ゆえ、フリーダムソングをいわゆる「プロテストソング」の一角に位置付けるのは間違いではない。しかし、それらの出自は、60年代に新しく作られたオリジナルな楽曲とはまったく異なる。

なぜこの点を強調すべき（と私が考える）か、というと、60年代初頭においてはまだ、聖（religious）と俗（secular）との間に、すなわち宗教関連の音楽とポピュラー音楽との間に「壁」がある、という認識が一般的だったからである。

黒人のゴスペル歌手たちは、いかに天性の才能をもっていても、あるいはいかに地元で注目を浴びていたとしても、教会での活動だけでは商業的に成功できないことをよく承知していた。その一方で、「壁」を乗り越えて世俗界の方へ参入しようとするかというと、気安くそうできない事情が彼らにはあった。ポピュラー音楽のツアーやコンサート会場では、黒人の入場が制限されていたり、黒人の席が片隅においやられていたり、あからさまな差別が横行していた。そのような差別を是認する場に居合わせること自体、恥ずべきことだとの風潮も強かったのである。

しかし、あとから振り返れば、この「壁」は長続きしなかった、といえるであろう。

音楽史の解説書などによると、黒人音楽、とりわけゴスペルは、教会という枠を超えて、１９５０年代に著しい発展を遂げたリズム＆ブルース、１９６０年代に生まれたソウル・ミュージックなど、ポピュラー音楽のさまざまなサブジャンルに大きく影響を及ぼしたと説明されている。実際、サム・クック、オーティス・レディング、アレサ・フランクリンなど、名だたる黒人歌手が、もともとは「ゴスペルシンガー」としてキャリアをスタートさせていたことも知られている。

公民権運動では、フリーダムソングが媒介となって、共通点のなかった人々どうしの連帯が構築され、アメリカを根底から揺るがす原動力となった。社会全体がそのような激流にさらされる中、聖なる宗教音楽と俗なるポピュラー音楽とを隔てていた「壁」もおのずと決壊していったのである。

絶望と希望のはざまで

ワシントン大行進は成功裡に終わったが、それからわずか3ヶ月後、公民権運動を支持していたケネディ大統領が暗殺された。運動が目標としていた人種差別を禁止する法律、すなわち公民権法は、政権を引き継いだリンドン・ジョンソン大統領のもと、1964年に成立した。しかし、黒人に対する差別が一夜にして解消されることはありえず、むしろ反動で一部の白人による過激な暴力事件が頻発するようになった。おりから、ベトナム戦争は泥沼化し、キング牧師はジョンソン民主党政権と決別せざるをえなくなる。社会がいよいよ混迷を深める中、キング牧師も1968年4月に暗殺されてしまう。その2ヶ月後には、次期大統領候補と目されていたロバート・ケネディ（ケネディ前大統領の弟）も暗殺される。

公民権法制定以後に黒人たちが経験した葛藤を表現する楽曲に、ニーナ・シモン（Nina Simon）の《アイ・ウィッシュ・アイ・ニュー・ハウ・イット・ウッド・フィール・トゥ・ビー・フリー》がある。彼女自身のオリジナルな作品ではなく、またほかに多くのミュージシャンもカバーしているが、シモンが1967年に『シルク・アンド・ソウル』というアルバムで発表したヴァージョンが最もよく知られている。

シモンの経歴は、前に挙げたゴスペル出身の歌手たちとは異なる。シモンは、幼い頃からピア

♪３−２　シモン《アイ・ウィッシュ…》／１番

I wish I knew how it would feel to be free
I wish I could break ① all the chains holding me ②
I wish I could say all the things that I should say
Say 'em loud, say' em clear
For the whole round world to hear ③

［作詞　Dick Dallas/ 作曲 Billy Taylor, "I Wish I Knew How It Would feel to Be Free," 1962/1967（The Official Nina Simone YouTube channel)］

ノの才能を認められ、クラシック音楽のピアニストを志していた。ところが、由緒ある音楽学校（フィラデルフィアにある「カーティス音楽院」）の入学試験に落ち、それがきっかけでジャズ、そしてポピュラー音楽へと転向した。シモンは、不合格になったのは自分が黒人だったからだと信じていたらしい。しかし、当初は、ステージで差別問題を自分の歌のテーマとしなかった。その彼女が、とうとう音楽活動に強い政治的メッセージを込めるようになったのは、ワシントン大行進後に、白人至上主義者による反動的暴力が多発したことを目の当たりにしたからであった(2)。

さて、この曲は、軽快な、思わず指を鳴らしたくなるようなピアノのイントロで始まり、冒頭で「アイ・ウィッシュ、アイ・ニュー・ハウ…」というタイトル通りのセンテンスが歌われる。上記に引用したのは１番ヴァースであるが、そのあともI wishというフレーズはなんど度も繰り返され、それが聴く者の耳に残るようになっている（♪３−２参照）。

英語でwishは、願望を表す動詞である。しかし、hopeと違って、願望が実現する可能性が低い時に使われる。したがって、この歌詞からは、「自由を感じるって、どういうことなのか知りたい」という、素直に前向きな姿勢を読み取ることはできない。むしろ、反語として、「いつになったら自由を感じることができるのか（いつになっても自由を感じることはできない）」という諦念が伝わる。

いうまでもなく、下線②を付したフレーズAll the chains holding meは、黒人が奴隷だった時代に、彼らの足首にはめられていた鎖を連想させる。もちろん、黒人を繋ぐ鎖はもう存在しないので、ここでは目に見えない形で黒人たちに課されているさまざまな社会的あるいは心理的制約を暗示するメタファーとして使われている。奴隷解放宣言から100年以上が経ち、ついに公民権法も制定された。それでも、下線①にある通りI wish I could break、つまり「いつになったら［鎖を］壊すことができるのか（いつになっても壊すことはできない）」と、嘆いているのである。

ただ、この歌詞を、先に紹介した《オー フリーダム》と比べてみると、同じ諦めの念が表現されていながらも、その内容が著しく異なることに気づかされる。《オー フリーダム》では、「奴隷になるくらいだったら死んだ方がよい、神に召されることで自分は自由になるのだ」と歌われている。つまり、現世に絶望し、自由になれるのは来世でしかない、という前提がある。

これに対して、シモンの《アイ・ウィッシュ…》は、あくまで現世についての歌である。１番ヴァースの最後で、「全世界の人々に（私の言いたいことを）きいてもらいたい」（下線③）と訴える時、the whole round world は、神ではなく、現に生きている人々を念頭においている。

さらに、この歌では、黒人たちが置かれている状況は非常に厳しいが、まだ諦めきれないという気持ちも切々と伝わってくる。楽曲が進んでいくにつれて、ドラムとブラスがピアノに積極的に絡むようになり、気持ちが次第に高ぶっていくのが表現されている。そして、３番ヴァースの最後では、「だいぶ手遅れになったけれども、これから新しく出発したい」（Though I'm way overdue, I'd be starting anew）と、ついに将来に向かっての決意が語られる。

曲を締めくくる４番ヴァースは、圧巻である（♪3-3）。まず、自分は「鳥になって空を飛びたい」（下線①）、「そして歌を歌いたい」（下線②）と高らかに宣言する。なぜなら「歌を歌えば、自由を感じることができるから」だという。

そして、このヴァースだけ他よりも長く、その中で（wish がもつ反語的な）諦念がしだいに後退していくように感じられる。シモン自身が、ところどころで、yeah というレスポンス（合いの手）を挿入し（網掛け部分）、ゴスペル調にフレーズが繰り返される。そのたたみ掛けるような調子が、まさに歌うことで身体の内からパワーが湧き出てくるのを表し、「自由を感じることがで

♪3－3　シモン《アイ・ウィッシュ…》/4番

Well, I wish I could be like a bird in the sky①
How sweet it would be if I found I could fly
I'd soar to the sun and look down at the sea
Then I'd sing② 'cause I'd know, yeah
Then I'd sing② 'cause I'd know, yeah
Then I'd sing② 'cause I'd know
I'd know how it feels
I'd know how it feels to be free, yeah, yeah
I'd know how it feels
Yes, I'd know, I'd know how it feels
How it feels to be free, Lord, Lord, Lord③

［♪3－2に同じ］

きる」という確信がみなぎってくるかのようである。

最後に、シモンはその確信をLord, Lord, Lordと主イエスに呼びかけ（下線③）、フェイドアウトして終わる。神が救済してくれるのではない。あくまで自分自身が「自由を感じることができる」と確信するのであり、神はその喜びを伝える相手でしかない。

自由をいったんは諦めながらも、歌うことで勇気を奮い立たせ、いま一度自由を確信するに至る。ここに表現されている感情の起伏には、1960年代を通じた公民権運動そのものの成果と挫折が凝縮されているように、私には思える。

公民権法の制定は、意義深い、画期的な成果であった。それは、来世でなく現世においても、救済の道が開かれることを意味した。ところが、その反動で暴力事件が多発し、黒人たちは再び絶望に追い込められた。絶望からいま一度立ち上がることができるのか。実現性の低い願望かもしれない。それでも立ち上がるしかない。さあ立ちあがろう。そうした叫びが、聴く者の心に響く。

自由、自由…、と連呼する

１９６９年の８月15日から17日にかけての週末（正確には18日月曜の朝まで）、ニューヨーク州の田舎町で、空前の野外コンサートが開かれた。「ウッドストック・フェスティバル」（正式にはWoodstock Music and Art Festival）として知られるコンサートである。

当時、ウッドストックという地には、ボブ・ディランをはじめとする気鋭のアーティストたちが頻繁に訪れるようになっていた。それで新しい文化の胎動を象徴するイベントとして、このフェスティバルが企画された。ところが、地元住民の反対にあい、計画は頓挫しそうになる。その時、マックス・ヤスガーという農場主が、自分の土地を貸そうと申し出た。だから、実際にコンサートが開かれたのはウッドストックではなく、そこから少し離れたベセルという村であった。

当初、主催者側はせいぜい5万人ほどの入場者を見込んでいた。しかし、名だたるミュージシャンの参加が決まり、事前に販売されたチケットの枚数は20万弱にまで膨れ上がった。さらに、当日になると、チケットを持たない人もあわせ40万人以上が押しかけて大混乱となり、事実上入場は無料となった。

それほどの数の人々が、食事やトイレに不自由しながら、しかも悪天候で地面が泥にまみれる中、音楽を聴いて踊る、という三日三晩を過ごしたのである。

最初に登壇したのは、黒人フォークシンガー、リッチー・ヘヴンス（Richie Havens）であった。もともと彼の出番はその日の後ろの方に組まれていた。ところが、周辺道路の混雑で、他の演奏者たちが会場に到着できない。主催者側は開始時刻を遅らせたが、すでに午後5時を過ぎていたので、それ以上引き伸ばすことはできなかった。それで、居合わせたヘヴンスに、ステージへ上がってくれと依頼した。ヘヴンスは予定していた4曲を演奏し、一度ステージを降りる。しかし、他のミュージシャンは誰も姿を見せない。主催者から、もうすこし続けてほしいと頼まれ、再びステージへ上がる。ヘヴンス自身の述懐によると、そういう行き来が数回あって、彼は自分の持ち歌をすべて演奏し尽くしてしまった。それでも、後続の演奏者たちはまだこない。もう一度、主催者から懇願される。ほかに知っている歌はない。それでもなんとか時間を稼がなければならない。彼は、意を決して、ステージに上がる。

この時、一世一代の即興演奏が生まれた。

♪3-4　ヘヴンス《フリーダム》/1番

Freedom
Freedom
Freedom
Freedom
Freedom
Freedom
Freedom
Freedom
Sometimes I feel like a motherless child①
Sometimes I feel like a motherless child
Sometimes I feel like a motherless child
A long way from my home②

［作詞・作曲　Richie Havens, "Freedom," 1969（「ディレクターズ・カット ウッドストック 愛と平和と音楽の3日間」［DVD］ワーナー・ホーム・ビデオ）］

ヘヴンスは、独特の、叩くようなカッティング奏法でギターを弾きはじめる。パーカッションともう一本のギターが、ジャムセッションのようにあわせていく。そして、長いイントロのあと、ヘヴンスは突然「フリーダム」と歌い出す。そのまま「フリーダム、フリーダム……」と、連呼し続ける（♪3-4参照）。

Freedomという言葉を8回叫んだ後に挿入された一節（下線①）は、奴隷時代からの黒人霊歌《サムタイムズ・アイ・フィール・ライク・ア・マザーレス・チャイルド》の一節である。自分は、時に母親がいない子供のように感じる。誰も頼ることのできない、やるせない孤独を感じる。故郷、つまり自分が奴

♪3－5　ヘヴンス《フリーダム》/3番の抜粋

Crap your hands ① …　（繰り返し） I got a telephone in my pajama, and can call him from my heart ② I got a telephone in my pajama, and I can call him from my heart When I need my Brother, Father, … Mother, Sister… ③ When I need my Brother, Mother, Father… Freedom…

［♪3－4に同じ］

隷となる前に暮らしていた土地は、はるか遠い彼方となってしまった（下線②）。そんな自分を、早く自由にしてくれ、と訴える歌である。その歌詞を、ヘヴンスは自分が即興で作ったメロディーに乗せて歌った。

2番ヴァースでも、ヘヴンスは「フリーダム」の連呼を続けた。そして、もう自分は「消えてなくなってしまいそうだ」（Sometimes I feel like I'm almost gone）と嘆く。

しかし、最後の3番ヴァースでは、ヘヴンスは「フリーダム」の代わりに「手を叩け」（crap your hands）と連呼した（♪3－5下線①）。すると、観客が応じて、次々に立ち上がり、手拍子を始めた。何十万という観客で埋め尽くされた会場が、まさに一体となった瞬間であった。

自分は、心が通じる「彼」を、電話で呼び起こすことができるのだ、という（下線②）。もちろん、「彼」とは、超越的存在としての神を指している。しかし、ヘヴンスは、眼前で初めて出会った大勢の人々が一体となって、自分の演奏にあわせて手を叩き、踊っていることを目撃している。もう孤独ではない。兄弟、父親、母親、姉妹が必要なら（下線③）、心が通じ合う人々が必要なら、いつでも呼び出すことができる。その感動に包まれながら、ヘヴンスはステージの後方へと、自らフェードアウトしていき、演奏を終える。

ウッドストックが象徴した自由とは

ウッドストック・フェスティバルは、しばしば１９６０年代に高まった「カウンターカルチャー」の祭典であったと解説される。しかし、実際に集まった40万人もの人々の境遇や価値観は多種多様であり、彼らが特定の、あるいは同一の目的意識を共有していた、などということはありえない。

その場には、当然ながら、黒人に対する差別の解消を訴える人もいた。ベトナム戦争への反対を声高に叫ぶ人もいた。ケネディ大統領やキング牧師らの暗殺を目の当たりにして、とにかく平穏な社会を立て直すことが大切だと願う人もいた。さらには、やや漠然としながらも、権威や伝統に反発し、既成の文化にとらわれない新しいライフスタイルを目指そうとしていた者たちも、たしかにいたであろう。

唯一、こうしたさまざまな思いをひとつに集約できる言葉。それがfreedomであった。「愛」(love)でも、「夢」(dream)でも、「平和」(peace)でもなかった。

考えてみれば、freedomであれ何であれ、同一の言葉をただ連呼するだけでポピュラー音楽の作品として成立するということ自体、他の時代では想像できない。それが成立しえたのは、自由という言葉が多義的で、人それぞれが自ら大切と思う政治的あるいは社会的価値を重ね合わせることができたからであろう。

差別からの自由。

戦争(徴兵)からの自由。

暴力からの自由。

そして、権威や伝統からの自由、というように。

やや小難しく言えば、1960年代において、自由という言葉は、個別の価値を含意するだけでなく、それらを包括するようなメタレベルの概念として認識されていた。この認識を象徴したのが、ウッドストックという一大イベントだったのである。そうでなければ、大観衆を前にして即興で歌わなければならなくなった時、ヘヴンスがなぜfreedomと連呼することを選んだのかを理解することはできない。そして、その演奏を聴いてなぜ大観衆が共感したのかも、理解することはできない。

１９７０年代

１９７０年代のアメリカを一言で表すならば、「ポスト激動時代」という言葉が一番しっくりくるのではないかと、私は思う。60年代に起こった公民権運動とベトナム反戦運動、また度重なる要人の暗殺は、アメリカという国家を根底から揺るがした。反面、そうした運動や高まった危機意識はアメリカ社会に一定の凝集性をもたらし、異なる背景や価値観を持つ人たちの間の連帯を創出した。そのキーワードが自由であったことは、前節で見た通りである。

しかし、１９７０年代に入ると、そうした連帯を繋ぎ止めておくことがしだいに難しくなった。ポピュラー音楽においても、人々がより内向的になった傾向をうかがわせる作品が多く、とりわけ free あるいは freedom という言葉については、家族や恋人を語る歌詞の中で用いられることが目立つ。第1章で提示した分類に則していえば、（Ⅱ）人間関係における自由である。

自由の代償

1971年に結成されたイーグルス（Eagles）は、1970年代のアメリカを代表するバンドである。ウェストコースト・ロック、カントリー・ロック、さらにはライト・ロックなどと呼ばれるサブジャンルの中心に位置付けられ、まさに西海岸の澄んだ青空を駆け抜けるような軽快なサウンドと美しいハーモニーで、一世を風靡した。

イーグルスが第2作目として1973年に発表したアルバム『Desperado』（邦題『ならず者』）は、西部開拓時代をイメージさせるコンセプトアルバムとして知られる。当時のアメリカの一般家庭には、ケーブルテレビも、もちろんインターネットもなく、視聴できるチャンネルは限られ、そうした中で放映されるいわゆる西部劇の番組や映画は、依然として人気が高かった。それゆえ、誰もが、西部劇に登場するキャラクターを容易に思い浮かべることができた。

アルバムのタイトル曲である《デスペラード》は、自ら孤独を選択し旅（人生）を続ける主人公、すなわち「ならず者」に対して、語り手が呼びかけるという設定になっている。アルバム全体のコンセプトからすれば、ゴールドラッシュに沸く西部の荒野を渡り歩く孤高のガンマンが連想される。もっとも、この曲の歌詞を聴くだけでは、必ずしもそのような特定の時代背景に限定されず、より一般的なメッセージが含まれている、と解釈することもできる。

♪3-6　イーグルス《デスペラード》/2番の抜粋

Desperado, woah, you ain't gettin' no younger
Your pain and your hunger, they're drivin' you home
And freedom, oh, freedom, well, that's just some people talkin'①
Your prison is walkin' through this world all alone②
…

[作詞・作曲　Glenn Frey/Don Henley, "Desperado," 1973（@EaglesBand YouTube channel）]

「ならず者」は、富と名声だけを目指し、真剣な恋愛関係を結ばないと心に決めて、齢を重ねている男である。彼に対して、語り手は、そろそろ強がるのをやめて、心を開いたらどうだ、女性からの愛を拒むのをやめたらどうだ、と促す。

この作品の中で、freedomという単語が登場するのは、2番ヴァースにおいて1回だけである（♪3-6参照）。そのフレーズ（下線①）は、きわめて印象深く、衝撃的でさえある。

日本語に訳すのはなかなか難しいが、ニュアンスは「なんだって？ 自由？ 自由だって？ そんなの、誰かが言っているだけさ」ということであろう。いずれにせよ、このフレーズにおいて、freedomという言葉にネガティブな意味が込められて用いられていることは、疑いようがない。次のセンテンスでも、自由（でいること）は、すなわち「牢屋に閉じ込められている」ことであり、「［閉じ込められたあなたは］世界をひとりぼっちで歩いている」と、語られている（下線②）。

ここで用いられているfreedomは、1960年代の楽曲で多用されていた政治社会的自由という意味とは異なる。人間関係の中での、よりパーソナルな文脈における自由、という意味である。他者との関係において自由を徹底的に貫くこと、それは何のしがらみもなく、また何の貸し借りもない人生を歩むことを意味する。

その代償は孤独である。

語り手は、「あなたはもう若くない」(ain't gettin' no younger)、と呼びかける。一人で「痛み」(pain)や「空腹」(hunger)に耐えていくのか。本当は、そうしたことに耐えられなくなり、「平穏な場所」(home)に憧れているのではないか(網掛け部分)。意地をはって、自由でいることにこだわらなくてもいいのではないか。そう諭している。

ネガティブな意味を帯びる自由の概念

なぜ、上記のフレーズが印象的で、衝撃的でさえある(と私には思える)か、というと、1960年代においては、freeもしくはfreedomという言葉自体にネガティブな意味合いが込められることは、およそ考えられなかったからである。

先に紹介した通り、ウッドストック・フェスティバルでは、リッチー・ヘヴンスが「フリーダム」を連呼して、会場全体を感動の渦に巻き込んだ。自由は、それを発すれば誰も批判することのできない言葉、いってみれば、圧倒的な大義であった。もちろん、目標あるいは理想として、個々の人々が想い描いていた自由の内容は、差別からの自由、戦争（徴兵）からの自由、暴力からの自由、権威や伝統からの自由など、多様であったかもしれない。しかし、具体的に何を思い浮かべるにせよ、自由という概念には、揺るぎないポジティブな価値が埋め込まれていた。

イーグルスが《デスペラード》を発表したのは、ウッドストックからまだ5年も経っていない時期である。それなのに「自由だって？ そんなの、誰かが言っているだけさ」という呟きが発せられたということ自体、このわずか5年弱の間に、アメリカ社会が静かに大きな変容をとげたことを象徴しているように、私には思える。

ポピュラー音楽のファンであれば、イーグルスはその後1976年に『ホテル・カリフォルニア』という、ロック史上最高傑作のひとつとして評価されるアルバムを発表したことを知っている。とくにイーグルスのファンであれば、そのアルバムのテーマが、過度な経済開発やそれがもたらす環境破壊への批判であったことも知っているであろう。

とりわけ、アルバムの最後に収められた《ザ・ラスト・リゾート》という曲では、red man（ネーティヴ・アメリカンたち）の土地を rape したなどと激しい言葉が使われ、アメリカ人による、いや西洋人による、（西部）開拓の歴史が糾弾されている。1960年代に自由を声高に叫んでいた人たちでさえ必ずしも正面から向き合わなかった問題、すなわちネーティヴ・アメリカンに対して行われた虐殺や迫害に想いが及ぶに至って、「自由だって？ そんなの、誰かが言っているだけさ」という言葉が、重みを増して聞こえてくる。

蛇足となるが、『ホテル・カリフォルニア』のタイトル曲は、最後に有名な一節、すなわちYou can check out any time you like. But you can never leave、訳すと「[このホテルからは]好きな時にチェックアウトできても、けして出ていくことはできない」、という謎かけのような言葉でしめくくられる。生産と消費に邁進し、豊さを知ってしまった現代人は、経済活動をいまさら断ち切ることができない、というメタファーだと考えられている。

自由という牢屋に閉じ込められていたかつての孤高のガンマンが、この世から消え去ってから久しい。現代では、発達した文明が強いる「不自由」に、人々が閉じ込められている。

習性としての自由

レーナード・スキナード（Lynyrd Skynyrd）は、おもに1973年から1977年に北米で活動したバンドである。活動が短い期間に限られたのは、バンドの主要メンバー数名が1977年に航空機事故で亡くなるという悲劇に見舞われたからである。

彼らの最も有名な作品が、《フリー・バード》である。１９７３年に発表したファーストアルバムに収録されており、全盛期には、彼らが行ったほとんどのコンサートでフィナーレに演奏されていたと伝えられている。なお、原曲には長いギター演奏が入るが、短いヴァージョンも１９７４年にシングルリリースされている。

《フリー・バード》は、前項で紹介したイーグルスの《デスペラード》と、発表のタイミングがほぼ重なっている。歌詞の中で登場する free/freedom という言葉が人間関係における自由を指し示しているという点でも、両者は共通している。

しかし、以下述べていくように、《デスペラード》と異なって、《フリー・バード》という作品の中に登場する自由という言葉には、必ずしもネガティブな意味が込められているわけではない。

この楽曲は、男性である語り手が恋人（女性）に向かって別れを告げる、という内容である。歌詞自体はそれほど長くなく、どこにでもあるような状況設定である。語り手のモノローグは非常にシンプルで、実際に発せられた言葉の肉声がそのまま書き写されているかのようである。そのシンプルさが強い印象を残す。

♪3-7　レーナード・スキナード《フリー・バード》/1番の抜粋

If I leave here tomorrow
Would you still remember me? ①
For I must be traveling on, ② now
'Cause there's too many places I've got to see ③
But if I stay here with you, girl
Things just couldn't be the same

'Cause I'm as free as a bird ④ now
And this bird you can not change ⑤ Oh, …
Lord knows I can't change ⑥

［作詞・作曲　Allen Collins/Ronnie Van Zant, "Free Bird," 1973（The Official Lynyrd Skynyrd YouTube channel）］

引用したのは1番ヴァースである（♪3-7）。その冒頭で語り手は「明日ここを出て行くことになっても、君は僕のことを覚えていてくれるかい？」（下線①）とたずねる。このセンテンスから、語り手自身、別れたあとも一緒に過ごした日々を人生の大切な一コマとして記憶に留めたいと思っている、ということが暗示されている。

どうやら、この二人は、不和や行き違いが生じたから別れる、ということではなさそうである。むしろ、愛し合っていながら別れるというのが、この歌詞の設定である。ここでは引用しないが、2番ヴァースの冒頭でも、「さよなら、ベイビー。とても甘い愛の日々だったね」（Bye-bye, baby, it's been a sweet love）と告げており、けして喧嘩別れするのではないことが繰り返し示唆されている。

では、なぜ別れるのか。語り手は、「旅を続けなければならない」（下線②）、「見なければならない場所がたくさんある」（下線③）という。そして、サビにあたる部分では、自分は「今、鳥のように自由だ」（下線④）と語っている。

自由（であること）を鳥に喩えるのは、ポピュラー音楽の歌詞の中ではよくある表現である。ただ、ここで強調されているのは、自由を求める習性が生来のもの、いってみれば動物的な本能であり、どうすることもできない、というメッセージである。その習性は「君も変えることができない」（下線⑤）し、「神様も知っての通り、自分でも変えることができない」（下線⑥）、と語り手は告げる。

自由の価値か、恋愛のはかなさか

現実の世界でも、多くの人が愛し合ったパートナーとの別れを経験する。ただ、中には、別れることが合理的であるような状況、あるいはむしろ別れてよかったと思えるような状況も、当然ながら含まれる。そのような、別れが正当化される余地のある場面では、「自由でいたいから」という主張を展開したところで、それは単なる言い訳か格好をつけているだけだと見透かされて終わってしまう。しかし、別れを正当化しにくい状況であれば、「自由でいたい」という主張は真剣に受け止めてもらえるかもしれない。レーナード・スキナードが描こうとしたのは、まさにそうした状況である。

語り手は、永遠に記憶に留めておきたいぐらいに相性の良いパートナーに恵まれたのに、それでもなお、自由（でいること）に価値を見出している。ゆえに、額面通りに受け取るならば、この歌詞の中でfreeという言葉は、ポジティブに捉えられていると考えなくてはならない。

この語り手の姿勢は、一見、《デスペラード》の主人公である孤高なガンマンと重なりあう。しかし、後者は、はじめから恋愛関係を拒絶していた。これに対して、《フリー・バード》の語り手は、真剣な交際をし、パートナーと素晴らしい関係が築くことができた喜びを、少なくとも一度は噛みしめている。その上で、自由であることを選びとろうとしているのである。ということは、この語り手にとっては、自由を求めることは必ずしも孤独を意味しないのかもしれない。少なくとも彼の記憶の中には、美しい恋愛経験が残るからである。語り手は、同じ状況がずっとは続かないだろう、と告げている。二人が育んだ愛の日々をそのまま記憶にとっておきたいからこそ、旅立つことを決意した、と解釈することもできる。

さらに一歩踏み込んで私の印象を述べれば、レーナード・スキナードの《フリー・バード》が多くのファンの心を捉える理由は、自由（でいること）の価値がそこに表現されているからではない。むしろ、自由を求めるがゆえに消滅してしまう恋愛を描いているから、すなわち恋愛のもろさやはかなさが切なく表現されているからではないか、と思う。

この曲を聴く者は、語り手が思い描いている状況に、どうしても自分自身の恋愛体験を重ね合わせてしまう。たとえば、若い時に留学や海外赴任をするという決断をすると、場合によっては付き合っていたり思いを寄せていたりする人と別れなければならなくなる。恋愛はその時点では最高の幸福をもたらしていると思えるかもしれない。しかし、たとえそうであっても、現在の人間関係が将来の人生の自由、さまざまな可能性に満ちている選択肢を閉ざしてしまうのを、簡単には受け入れらない。この歌の中では、自由と恋愛との選択において自由が選ばれる。だが、選ばれなかった方、恋愛の尊さや純粋さの方に、より重い共感が集まっているように感じられる。

１９６０年代においては、自由はまだ実現されていない価値として認識され、その価値には多くの場合、何らかの政治社会的な意味が込められていた。しかし、１９７０年代のポピュラー楽曲の歌詞の中では、freeやfreedomという言葉は、公的な価値を体現する概念としてではなく、一般の人々の生活や人間関係の私的な文脈に入り込むようにして、表現されている。自由を阻害したり制約したりする要因が恋愛であると描かれていることが、激動が過ぎ去っていったあとの内向的な時代を象徴している。

共和党の二人の大統領。この写真は、1984年にレーガンが再選を目指した時のパンフレットで、当時副大統領だったブッシュはその4年後に大統領となる。［出所：United States Library of Congress］

1980年代

1980年代のアメリカは、ロナルド・レーガンとその後継ジョージ・H・W・ブッシュという共和党の二人の大統領が政権を担った時代である。1970年代を通じて、経済が低迷し、また国際政治上も覇権の衰退が指摘されていた中、レーガンは「強いアメリカ」の復活を掲げて、大統領選挙で圧勝した。そして、公約通りに、世界の共産主義勢力に対して強硬な姿勢で臨み、国内でも減税と歳出削減を断行して経済政策の大胆な転換をはかった。ブッシュ政権の時、1989年にベルリンの壁が崩壊し、1991年までにはソ連の崩壊が決定的となった。

こうした時代背景から、1980年代のポピュラー楽曲に登場するfreeやfreedomという言葉には、第1章で提示した分類に従うと（Ⅳ）愛国心の表れとしての自由、つまり自由主義陣営の盟主としてのアメリカに賛美が込められているものが多いのではないか、と思うかもしれない。ところが、逆に政権に対して批判的な意味の込められた、カテゴリーとしては（Ⅰ）政治社会的自由に含まれる表現も目立つ。また、前項で紹介した１９７０年代からの内向的なトレンドも続いていて、（Ⅱ）人間関係における自由についての楽曲も、依然として多く見られる。

政権に対する皮肉と批判

かつてクロスビー、スティルス、ナッシュ&ヤングという名バンドを組んでいたメンバーの中で、解散後も（商業的に成功したかどうかは別として）最も精力的に活動を続けたのは、ニール・ヤング（Neil Young）であった。《ロッキン・イン・ザ・フリー・ワールド》という曲は、１９８９年に彼が発表し『フリーダム』と名付けられたアルバムの中に収められている。正確にいうと、この曲は、アルバムの最初と最後の両方に（他の曲を挟み込むように）収められていて、前者はほぼアコースティックだけのライブヴァージョンであり、後者はエレクトリックなヴァージョンである。

アルバムのタイトル、また楽曲自体のタイトルから、まさに１９８０年代の政治的風潮を背景にした、「強いアメリカ」、自由主義「陣営（=world）」の盟主としてのアメリカへの讃歌なのではないか、と誤解する人がいても無理はない。しかし、その内容は、まったく反対に、レーガン

♪3-8　ヤング《ロッキン・イン・ザ・フリー・ワールド》/1番およびサビ

There's colors on the street
Red, white, and blue ①
People shuffling their feet
People sleeping in their shoes
There's a warning sign ② on the road ahead
There's a lot of people saying we'd be better off dead ③
Don't feel like Satan, but I am to them ④
So I try to forget it any way I can

Keep on rockin' in the free world
Keep on rockin' in the free world
Keep on rockin' in the free world
Keep on rockin' in the free world

［作詞・作曲 Neil Young, "Rockin' in the Free World," 1989(neilyoungchannel)］

からブッシュへと続く共和党政権に対する強烈な批判と皮肉で満ちたものである。

歌詞は、1番から3番ヴァースまである。まず1番ヴァースを見てみよう（♪3-8参照）。その冒頭は、通りが赤、白、青で彩られている、という一文から始まる（下線①）。アメリカの星条旗のメタファーであることは、間違いない。あえて旗そのものでなく3つの色に言及することで、多くの国旗が整然と並んで掲げられている光景が浮かび、愛国心の強い時代だという雰囲気が伝わってくる。

しかし、すぐそのあとに続く部分では、アメリカ社会の貧困が映し出される。ホームレスを指すと思われるが、人々が足を引きずるようにして歩き、靴を履いたまま寝ている、と描かれている。レーガン政権下の経済政策に対して、貧富の差が拡大したという批判が読み取れる。

そのあとは、批判というよりは、皮肉の効いた表現が続く。前方に「警告サイン」(下線②)が点っており、「我々（アメリカ人）に死んでしまえ、と主張する人々が［世界に］たくさんいる」(下線③)、と告げられる。この警告は、イラン革命の指導者ホメイニ師がアメリカを「大悪魔」と非難したことを指している。そして、「［自分では］悪魔なんて思ったこともなかったが、そうした人々からみれば、私は悪魔なんだろう」と歌っている（下線④の前段は形の上では命令文となっているが、後段と併せれば、主語〝I〟が省略されていると読むのが正しい)。いまのアメリカの国情からしたら、悪魔だといわれても仕方がない、という皮肉にほかならない。自分はなんとかして、そのこと、つまり自分が悪魔だということを忘れようとする。だから、ロックを歌い続ける。

こう見てくると、繰り返されるサビの言葉、つまり「自由（主義）世界でロックを歌い続ける」という言葉そのものが、大いなる皮肉であることがわかる。自由という大義を掲げながら、寝る場所にさえ不自由する人々の貧困から目を逸らしているではないか、と。

（ここでは引用しないが）2番ヴァースでも、ある女が赤子をゴミ捨て場に置いて麻薬をうちに

♪ 3－9　ヤング《ロッキン・イン・ザ・フリー・ワールド》／3番の抜粋

We got a thousand points of light ①
For the homeless man
We got a kinder, gentler ② machine gun hand
We've got department stores and toilet paper
Got styrofoam boxes for the ozone layer ③
… …

［♪ 3－8に同じ］

いくという衝撃的な描写から始まって、アメリカ社会の荒廃した様子が強調されている。学校へ通うことも、恋愛することも、一度もかっこ良く（coolに）振る舞うこともできない子供がまた一人増えてしまった、と憂う。だから、自分は「自由（主義）世界でロックを歌い続ける」。歌い続けることは、慰めなのかもしれない。あるいは、退廃的な国家の現状を目の当たりにして、自分にできることはそれしかないと、諦めているようにもきこえる。

最後の3番ヴァースも、抜粋して引用しておきたい。ここでも強烈に、またより明示的に、共和党政権への批判と皮肉が語られる（♪3－9参照）。冒頭のa thousand points of light（下線①）は、ホームレスを援助するボランティアや慈善団体を讃えるフレーズで、ブッシュが就任演説などで用いたことで知られている。のちに、そうした団体へPoint of Light Awardsという賞が送られるようになり、そのための財団も創設された。しかし、この政権のもとでは、ホームレスの人々の数は減らなかったではないか、貧富の差は拡大したではないか、という皮肉が込められている。

「より親切に、より優しく」(kinder, gentler) という言葉も、ブッシュが選挙キャンペーンで用いた有名な表現である（下線②）。しかし、この政権のもとでは、銃規制は一向に進まなかった。手にできるようになった銃が「より親切に、より優しく」なったと、またもや強烈な皮肉が放たれる。デパート（ショッピング・モール）は増え、トイレットペーパーは量産されている。地球環境に悪い発泡スチロールの箱が積み上がるようになった。この政権のもとでは、オゾン層の破壊は一段と進んでしまった（下線③）。こうして次から次へと、これでもかというばかりに、政権に対する批判が連ねられる。

誤解されたイメージ

行き過ぎた経済開発や大量消費社会が環境破壊をもたらすという警鐘は、すでに１９７０年代からポピュラー楽曲の歌詞の中で鳴らされるようになっていた。イーグルスの傑作アルバム『ホテル・カリフォルニア』についてはすでに触れたが、より先駆的として知られるのは、次章で取り上げるレジェンド、ジョニ・ミッチェルが１９７０年に発表した《ビッグ・イエロー・タクシー》という楽曲であろう。

しかし、こうした先行作品と異なり、ヤングの歌詞は「発泡スチロール」や「オゾン層」といった固有名詞を用いており、より具体的で先鋭的な批判となっている。また、政権をほぼ名指しして批判している点で、はるかに明確な政治的動機に基づいているといえる。実際、ヤングは、環境問題だけにとくに焦点を定めているわけではない。環境問題は、不十分な貧困対策や銃規制などと並んで、共和党政権の失政のひとつとして位置付けられ、あくまで政権への批判を展開することに重点があったと考えられる。

後日談となるが、この楽曲が発するメッセージの政治性をめぐって起こったある事件を紹介しておきたい。2015年、ドナルド・トランプが共和党の大統領候補として出馬することを宣言した際、会場でこの曲が流された。「アメリカ第一主義」を掲げるトランプは、そのあともキャンペーン中に何度かこの曲を使用した。ところが、ヤングは、トランプ陣営には使用許可を与えていないとして、訴訟を起こしたのである(ただし、のちに取り下げている)。トランプや彼の取り巻きは、おそらく「ロッキン・イン・ザ・フリー・ワールド」というタイトル(とサビ)を知っていただけで、歌詞全体を貫いている批判や皮肉、そしてヤングの政治的立場をまったく理解できていなかった、というほかない。

なお、似たような「誤解」に基づいて利用された楽曲としては、ブルース・スプリングスティーンが１９８４年に発表した《ボーン・イン・ザ・ＵＳＡ》の例も有名である。こちらはレーガンのお気に入りだった。しかし、その歌詞は、ベトナム戦争から帰還した兵士が、戦争中や戦後に経験した困難や不公平な待遇を物語る内容である。けしてアメリカの現状を肯定したり、ましてや賞賛したりするメッセージではない。

１９８０年代、アメリカなどの西側陣営がソ連などの共産主義勢力と対峙した（新）冷戦という文脈の中で、ポピュラー音楽の歌詞に政治社会的なメッセージが映し出されるようになったことは、自然の成り行きであった。しかし、歌詞の中で free や freedom という言葉が使われても、必ずしも（自由主義圏の盟主である）アメリカへの愛国心に訴えるものばかりではなかったのである。

自由…しかし落ちていく

ザ・ハートブレーカーズというバンドと一緒に活動していたトム・ペティ（Tom Petty）は、１９８９年、初のソロアルバム『フル・ムーン・フィーバー』を発表した。その中に収められている《フリー・フォーリン》は、ジェフ・リン（エレクトリック・ライト・オーケストラのリーダー）との共作である。他のアーティストもカバーしているが、この曲は、２０１７年にペティが亡くなるまで、また死後も、ずっと彼の代表作として位置付けられている。

この曲の歌詞の中には、ロサンゼルス近郊の町や道路の名前がいくつか登場する。ペティは、さまざまなインタビューで、自分が住むロサンゼルスの雰囲気や人々を描きたかったと述べている。その動機からであろう、この曲では、語り手の男性が地方の田舎町から大都会ロサンゼルスに移り住んできた、という設定になっている。そして、主たるストーリーラインは、故郷に残したかつてのガールフレンドを思い出し、未練などないと言いながらも、彼女との別れについて自戒している、というものである。

歌詞は、基本的には3つのヴァースで構成されている。1番ヴァースは、語り手がガールフレンドと自分自身とを対比的に描写することに終始している。

まず、語り手は、彼女が good girl だという。そのあと、淡々と、彼女の好きなものが列挙されていく。彼女はお母さんのことが大好きである。主イエスのことも大好きである。アメリカという国も大好きである。そして、もう一度「いい娘なんだ」と繰り返される。さらに、また淡々と、彼女はエルヴィス（プレスリー）が大好きで、馬にのることが大好きで、ボーイフレンド（つまり語り手）が大好きである、と続く。

この描写から、この女の子が若く純粋である、ということが伝わる。一歩踏み込んで率直にい

♪３-10　ペティ《フリー・フォーリン》/サビ

…
And I'm free
Free fallin'
Yeah, I'm free
Free fallin'

［作詞・作曲　Tom Petty/Jeff Lynne, "Free Fallin'," 1989（The Official Tom Petty & The Heartbreakers YouTube channel）］

うなら、この女の子はおそらくナイーブな田舎娘である。

一方、自分は、レシーダ（というロサンゼルス郊外）で、日長暮らしていることが告げられる。巨大なハイウェイがあたかも家の裏庭を通るかのように縦断していると語り、大都会のイメージが伝わる。そして、自分は bad boy だと告白する。別れた彼女のことを「愛おしいなどと思ってない」（I don't even miss her）からである。自分は彼女の恋心を打ち砕いた「悪い奴」である。

このようにして両者が対比的に紹介されたあと、印象的なサビの部分となる。ペティは１オクターブ高い美声で歌い上げる。

ペティ（語り手）は、まず「俺は自由だ」と叫ぶ。しかし、すぐさま、複雑な思いが織り込まれる。恋愛関係からの「自由」を宣言している点では、前節で紹介した１９７０年代の《デスペラード》や《フリー・バード》と同じである。ただ、単に free でなく、fallin' という言葉がそこに添えられている（♪３-10参照）。言葉の上での、またそこに込められる感情の、なんとも絶妙な折り合わせが、この歌の真骨頂である。

fallとは、もちろん、高いところから落ちる、という意味である。しかし、人生につまずく、あるいは成功への道から落ちこぼれる、という含意もある。それゆえ、freeとfallin'とをあわせると、自分の意思で勢いよく飛び出したものの、スピードや方向を制御できない状況に陥っていることが示唆される。空を自由に遊泳しているかのようで、実はどうすることもできず、ただ落下している、というイメージである。

都会に移り住んで失ったもの

《フリー・フォーリン》の1番ヴァースでは、明確な対比、すなわちガールフレンドが「善」で、語り手本人が「悪」であるという図式が作られていた。この対比は、より一般化して「女性＝善 vs. 男性＝悪」という構図として、解釈できないこともない。しかし、2番ヴァースでは、対比がジェンダーをめぐるものではなく、むしろ「田舎＝善 vs. 都会＝悪」という図式であることが強調される（♪3-11参照）[3]。

ベンチュラ・ブルーバードとは、ロサンゼルスの渓谷（San Fernando Valley）に沿った有名な通りの名前で、小綺麗な店やレストランが立ち並び、トレンディな若者たちがたむろする場所とし

♪3-11　ペティ《フリー・フォーリン》/2番および3番

［2番］
And all the vampires ① walkin' through the valley
Move west down Ventura Boulevard（*Ventura Boulevard*）
And all the bad boys are standing in the shadows
And the good girls are home ② with broken hearts
（サビの繰り返し）

［3番］
I wanna glide down ③ over Mulholland（*oh ah*）
I wanna write her name in the sky ④ （*oh-ah*）
I'm gonna free fall out into nothin' ⑤ （*oh-ah*）
Gonna leave this world for a while ⑥ （*oh-ah*）
（サビの繰り返し）

［♪3-10に同じ］

て知られる。そうした人々を、語り手は「吸血鬼」と表現している（下線①）。「悪い男の子」たちは、物陰に潜んで立っている。「善い女の子」たちは、恋に破れて、家（home）にいる（下線②）。「家」と訳したが、1番ヴァースとあわせると、このhomeは、かつて住んでいた「故郷」を連想させる言葉として捉えられる。

ロサンゼルスには、「善い女の子」はいない。この巨大な都会では、誰もが狡猾な「吸血鬼」である。自分は、田舎から出てきて、自由を手に入れたように思えた。しかし、実際のところは、道を踏み外し、どこへ行こうとしているのかわからなくなっているのかもしれない。そういう迷いが伝わってくる。

3番ヴァースまでくると、ガールフレンドと別れたことを後悔している気持ちも表現されている。マルホランドは、山あいを貫くように走るハイウェイである。そこから車で（あるいはバイクやスケートボードで）「滑降するように下ってくる」（下線③）ことを、小型飛行機で急降下していることに喩えて、「彼女の名前を空に描きたい」（下線④）、と語り手はいう。そのまま、自分は、「空虚」（nothing）の中へと落ちていきたい、「すこしばかりこの世界から去りたい」、と語る（下線⑤〜⑥）。そして、サビが繰り返される。

この3番ヴァースの最後の部分については、麻薬への逃避を暗示しているのではないか、対人接触の否定、さらには自殺願望を表現しているのではないかなどと、さまざまな解釈がなされている。いずれにしても、大都会ロサンゼルスでの自分の生活を見つめ直しているというメッセージであることは、間違いないであろう。ただ、だからといって、故郷へ帰りガールフレンドに再会したいという気持ちがこの語り手にあるかというと、そうした気持ちはまったく伝わってこない。すでに、大都会の良さも悪さも知ってしまった自分には、平穏だが退屈な田舎の生活へと戻るという選択肢はない。

それがまさに、「フリー・フォーリン」、自由であるがどこへ行くのか自分でもわからない、という状況なのである。

都会で生活することの孤独や寂しさは、ポピュラー音楽の中で繰り返し登場するテーマのひとつである。時代が進み、都市化がさらに進展していき、とりわけサイバー空間なるものが登場したあとでは、孤独や寂しさは都会に特有の問題ではなくなり、北米全体に蔓延する症候となっていく。たとえば、すでに第2章で紹介したゴリラズの《フィール・グッド・インク》（2005年発表）が鋭く描いているのは、まさに現代社会の殺伐さ、その中で生きるしかない人間の存在の無意味である。

そんな現地点から振り返って、今一度《フリー・フォーリン》を聴き直すと、この歌の中でペティが表現しようとした孤独や寂しさからは、ぬくもりのようなものが伝わってくる。

1980年代後半の時点では、都会から区別できる「田舎的なもの」が、まだ残っていた。そして、少なくともそうした場所には、「善い女の子」たちが存在した。家族と一緒に過ごすことが大好きで、

教会に通い、乗馬を楽しみ、失恋すると家にこもって泣き続ける、そんな女の子たちである。自分が、ガールフレンドの心を傷つけた「悪い奴」であることは、間違いない。しかし、自分自身は、ベンチュラ・ブルーバードを徘徊する人たちにはなれない。彼らを「吸血鬼」と呼び、一線を画していることがうかがえるからである。そして、未練を感じないと言い張りながらも、彼女の名前をしっかりと覚えている。都会の冷酷な人間になりきれない躊躇、また田舎の原風景を記憶に留めておきたいとする思慕の念が、語り手に残されたあたたかい人間味を浮き彫りにしているように思える。

そもそも「田舎＝善 vs. 都会＝悪」という対立構図が、フィクションでありナンセンスだ、という反論も、当然ながらありうる。そのような理念化された2分法は、１９８０年代以前においてさえ、成立していなかったかもしれない。また、田舎に住む「善い女の子」という言い方は、ジェンダー・ステレオタイプに基づいており、この歌詞全体がそのような保守的偏見を反映している、という批判も聞こえてきそうである。

しかし、田舎から都会へ出てきた若者の多くが、豊かさ、生活習慣、恋愛を含めた行動様式などの点で、大きなギャップを肌で感じた、ということは否定できないであろう。時代が進むにつれて、そのギャップは小さくなったのかもしれない。だが、《フリー・フォーリン》は、実際にそうした経験をした世代の人たちに、過ぎ去っていった時代をノスタルジックに想い起こさせる。

１９９０年代以降

最後に、１９９０年代以降に、free もしくは freedom という言葉が含まれて話題となった楽曲を紹介したい。１９９０年代以降を一括りにして論じるのは、一貫した特徴がそこに見出されるからではない。むしろ逆に、１９９０年代以降のポピュラー音楽は多様化し、時代区分を可能にする明快な傾向を見出すことが難しくなったように、私には思えるからである。

この間、アメリカの政治も、また国際情勢も、予測しにくい混沌とした状況が続いた。思い返せば、１９９０年代とは、冷戦が終結し、民主主義の優位が確立され世界平和の到来が期待された時代であった。また、画期的な Windows 95 の導入によって、インターネットが爆発的に普及しはじめ、まったく新しい社会や人間関係の幕開けが予感された時代でもあった。ところが、こうした期待ないし予感は、次々と裏切られていく。「歴史の終わり」という大袈裟な流行語が象徴した楽観主義は、2001年に同時多発テロ事件が起こり、早々に消え失せた。そして、サイバー空間は、本来は、安価で利便性が高く誰にも自由に開かれるべきプラットフォームとして考案されたのに、デジタル・ディヴァイド、不正アクセス、ハッキング、サイバー攻撃、先鋭化する言説の対立など、その考案者たちが予想もしなかったさまざまな課題を生み出した。

政治や世界の先行きが見通せないという不安や焦燥。テクノロジーへの不信。そして分断化する社会が助長する孤独と怒り。すでに第2章で行った定量的な分析の結果が示した通り、こうしたネガティブな感情は、1990年代以降のポピュラー音楽の歌詞に顕著に目立つようになった。そうした中にあって、free および freedom という言葉も、以前には考えられなかったような文脈で、時に衝撃的な意味を込めて、用いられた。以下、とくに3つの作品を取り上げて、詳しく解説していこう。

自身のリニューアル

ジョージ・マイケル（George Michael）は、1980年代に人気のあったワム！（Wham!）というデュオバンドのメンバーであった。バンドの解散後、彼は、ソロアーティストとして1990年に、《フリーダム！'90》を発表した。マイケルは、イギリス出身であるが、この曲は北米でも大ヒットした。また、以下で述べるように、この歌詞の中の自由（freedom）という言葉には、（前節までで）まだ論じてないひとつの重要な意味が込められていると考えられるので、ここで取りあげることにしたい。

タイトルに「90」という発表年を表す数字が付されているのは、ワム！の時代（1984年）にリリースした《フリーダム》という大ヒット曲があり、それと区別するためと思われている。しかし、単に混同を避けるためならば、まったく異なるタイトルをつけることもできたはずである。同じ freedom という言葉を用いたこと、しかも90という数字をわざわざ付したことからは、マイケルの明確な意図を汲み取るべきである。それは、時代は新しくなった、自分自身も生まれ変わった、というメッセージの発信にほかならない。

ちなみに、ワム！の時代の《フリーダム》は、単純な恋愛ソングであった。浮気症である（との噂のある）ガールフレンドに対して、「自由に遊ばないでほしい、ボクは君だけを望んでいるのだから」と、純朴な気持ちを訴える作品である。そのサビの部分、I don't want your freedom, I don't want to play around は、とても印象に残るコーラスで、当時ポピュラー音楽を聴いていた人ならおそらく誰もが覚えているであろう。

一方、《フリーダム！'90》には、より深い意味が込められているといわれている。ただ、その意味について、ファンの間では、大きく分けて3つの異なる解釈が提示されている。

第一は、ワム!が突然解散したこととの関連で、マイケルが所属していたレーベルとの不仲から、もっと自由に音楽活動の場を広げたいことを示唆したのではないか、という解釈である。この解釈とよく一致しているのは、イントロの部分である。ヴァースの前にこのイントロがあるため、作品全体のメーセージと位置付けることもできなくはない。ここでは「自分の音〔楽〕を信じる。自分にはそれ(音楽)しかない。決して幻滅させないから、ボクをあきらめないで。本当にまだ続けたいんだから」と、たしかに音楽を続けていく決意のようなものが語られている。

第二は、ワム!時代に作り上られた自らのイメージ、すなわちポップ・スターとしてのイメージを払拭したいことを示唆したのではないか、という解釈である。この解釈は、1番ヴァースの歌詞の内容とよく一致する。たとえば「自分は若かっただけで、何になりたいかもわかっていなかった」と嘆いている。また、女の子たちが騒ぎ立てるアイドルとなり、それで満足してしまって、顔を整え、新しい服を買い、大きな家に住んだりしたことを、自戒を込めるかのように語っている。「しかし、今日を限りに、そんなやり方は変えていく」(But today the way I play the game is not the same, no way)と宣言する。そして、「自分自身をすこし幸福にしていくことにする」(Think I'm gonna get me some happy)という。

♪３-12　マイケル《フリーダム！ '90》/サビの前の部分

I think there's something you should know
I think it's time I told you so
There's something deep inside of me
There's someone else I've got to be
Take back your picture in a frame
Take back your singing in the rain
I just hope you understand
Sometimes the clothes do not make the man

［作詞・作曲　George Michael, "Freedom! '90," 1990（The official YouTube channel for Goerge Michael)］

しかし、マイケルが本当に伝えたかったメッセージはこのどちらでもなく、第三の解釈、すなわち同性愛者であると「カミングアウト」することの自由だったという説が正しいと、私は思う。《フリーダム！ '90》というタイトルには、もう新しい時代に入ったのだ、だから同性愛者が自らの性的指向を隠すことはやめて堂々と生きようではないか、という意味が込められているのである。

この解釈は、すでに１番ヴァースの最後の部分で、game という言葉が使われていることにより暗示されている。しかし、明示的なのは、サビの前の部分である（♪３-12参照）。最初の数行（網掛け部分）は、カミングアウトしたいがなかなかできない人たちの心の声を代弁しているとして、多くの共感を得た。「君が知っておくべきことがある。そろそろ言うべき時がきた。私の奥深くには何かがあるんだ。」向き合っていても会話がなかなか軌道に乗っていかない、重々しさやじれったさのようなものが表現されている。

そして、ついに「私は誰か違う人にならなければならないんだ」という。「誰か違う人」という言葉は、必ずしも同性愛者であることを宣言しているわけでなく、「大人として成長したい」というような一般的なメッセージとして理解することも可能である。そう理解すれば、上記の二番目の解釈と一致していると考えられなくもない。しかし、このサビ前の部分を全体としてみれば、メッセージが一般的なものではなく、性的指向についてであることは疑いようがない。下線を付した最後のセンテンスの中のmanも、「人」ともとれるが、やはり「男（性）」と解釈すべきであろう。つまり、「着ている服が男性（か女性か）を決めるとは限らない」という意味が込められているのである。

偏見を乗り越えて

留意しなければならないのは、１９８０年代後半から１９９０年代にかけては、エイズ、すなわち後天性免疫不全症候群（ＡＩＤＳ）に対する有効な治療がまだ確立されていない時代だったということ、そしてエイズが（とりわけ男性の）同性愛者に特有の病気であるとの風評が広く浸透していた時代だった、ということである。

♪３－13　マイケル《フリーダム！'90》/サビ

All we have to do now
Is take these lies
And make them true somehow①
All we have to see
Is that I don't belong to you②
And you don't belong to me② (*Yeah, Yeah!*)

Freedom (*I won't let you down*③)
Freedom (*I will not give you up*③)
Freedom (*Gotta have some faith in the sound*)
You got to give what you take (*It's the one good thing that I've got*)

［♪３－12に同じ］

こうした背景から、当時カミングアウトすることには、大きな勇気を必要とした。

実は、マイケル自身は、この作品のリリース時にカミングアウトしたわけではない。彼が自らの性的指向を公表したのは、それから8年後、公然わいせつ罪で逮捕されるという事件を引き起こし、そのあとに行われたＣＮＮとのインタビューの中であった(4)。マイケルは、カミングアウトすることをずっと躊躇していたと告白している。

しかし、実際にこの楽曲を聴いてみると、彼の強い決意のようなものが明確に伝わってくる。上で引用したサビの前の部分は、厚い雲が覆い被さるような、どんよりしたメロディである。ところが、その後に続くサビの部分は、一転して、明るく空を見上げるかのようなメロディへと変調する（♪３－13参照）。

そして、あたかもカミングアウトを促すように、いまこそ「嘘をつくのをやめて、真実を明らかにしよう」(下線①)と歌う。「私は、あなた[方]と一緒ではない。でも、あなた[方]も、私と一緒ではない」(下線②)。同性愛の人々へのエンパワーメント、彼らに対して勇気と誇りを与えようとする呼びかけとなっている。

そのあと、フリーダム、自由だ、と叫ぶ。さらに二度ほど「自由だ」が繰り返される。裏では、「[カミングアウトしても]君たちをがっかりさせない、君たちをあきらめない」というコーラスがきこえる。(下線③)。同性愛でない人たちに対して、連帯を呼びかけているのではないかと思われる。とくに、I will not give you up という言葉は、同性愛に対する偏見が強く、加えてエイズを患っているのではないかという疑いの目が世間から向けられる中にあっても、そうした偏見や疑いが晴れていくことを信じているとの思いが込められているように、私には思える。

《フリーダム!'90》は、その華麗かつ洗練されたミュージックビデオも高く評価され、商業的に大成功を収めた。映像には、マイケル本人は姿をみせない。体調がすぐれなかったからとも伝えられたが、おそらくそれは表向きの理由であろう。自分が登場することを避けたのは、ワム!の時代から引きずるイメージを変えるために、自分が出るべきではないと判断したのかもしれない。あるいは、上述した通りに、自身にまだカミングアウトする勇気が完全に備わってなかったからかもしれない。

本人に代わって、このビデオの映像に登場するのは、当時人気を集めていたスーパー・モデルたちである。リンダ・エヴァンジェリスタ、シンディ・クロフォード、ナオミ・キャンベルらがかわるがわる登場し、彼女らがマイケルの歌にあわせて口を動かしている。この映像が作成された背景にも、女性が男性の声を発するように見せることで、性差なるものを乗り越えようとする狙い、性的指向の自由の大切さを訴える意図があったのではないかと思える。

この文脈で思い出されるのは、（イギリスのバンドである）クイーンが１９８４年にリリースした《（邦題）ブレイク・フリー（自由への旅立ち）》という楽曲と、そのミュージックビデオがたどった命運である。このビデオの中では、パロティとして、バンドのメンバーが女装して出演していた。歌詞は、明確に同性愛者であることのカミングアウトと解釈できるものではなかった。しかし、ボーカルのフレディ・マーキュリーが同性愛者であることは、（公表されてなかったものの）当時からすでに誰もが知っていた。この映像から、性差を乗り越える「自由」を表現しようとした意図を汲み取った者も多かったに違いない。ところが、このビデオは、アメリカのＭＴＶ、すなわち24時間通して音楽ビデオを流すケーブルテレビ局から、下品であるとの理由で放映することを拒否されてしまったのである。

わずか数年前に起こったこの一件を、マイケルが知らなかったはずがない。マイケルがマーキュリーの性的指向を知らなかった、ということも、もちろんありえない。マイケルは、スーパーモデルたちを登場させるという奇抜な手法で、リベンジを果たしたかったのではないか、とさえ考えたくなる。

ＨＩＶ感染合併症で1991年にマーキュリーが亡くなり、その翌年、メモリアルコンサートが開かれた。マイケルはクイーンの代表曲のひとつである《サムバディ・トゥー・ラブ》をカバーして歌った。感動的なパフォーマンスとして、語り継がれている。

二重の意味の独立記念日

《インディペンデンス・デイ》という歌がある。カントリー歌手マルティナ・マクブライド(Martina McBride)が、1993年にリリースしたアルバム『ザ・ウェイ・ザット・アイ・アム』に収められている曲で、翌年シングルリリースされた。同じくカントリー歌手であるグレチェン・ピータースが創作した作品で、ピータース自身をはじめ他のミュージシャンがカバーしたヴァージョンもある。

一般に、アメリカ人にとってインディペンデンス・デイ、「独立記念日」とは、もちろん国家としての独立を宣言した7月4日を指す。どんな小さな町でもパレードや式典が催され、愛国心が高揚する特別な日である。

しかし、この歌の中では、独立記念日に起こったある悲劇が語られている。それは、長らく家庭内暴力に耐えてきた妻が、夫を殺すために家に火を放ち、自分も同時に死んでしまう、という事件である。当時8歳で生き残った娘が成長し、語り手としてこの事件を回想する設定になっている。歌詞だけでもすでに十分に衝撃的であるが、公式のミュージック・ビデオを見ると、ストーリーに沿った生々しい白黒の映像が流れ、さらに強烈な印象が残る。

そのビデオは、冒頭、娘と母が家の裏庭で楽しそうにしているシーンから始まる。それに重ねるようにして、讃美歌《アメージング・グレース》のコーラスが挿入される。「多くの危険、苦しみ、誘惑を乗り越えてここまでやってきた。無事に導いてくれたのは、神の恵み。そして神の恵みが、我が家（天国）へ導いてくれる」。平穏無事に暮らしているかのような家庭が描き出されて、軽快なリズムのイントロへと移行する。

1番ヴァースでは、背景が説明されていく。時刻は明け方。昇ってくる日の光の中で「彼女」は「大丈夫そう」だが、「心配げに弱々しくも見えた」、という述懐から始まる。この「彼女」が語り手にとって母親であることとは、父親がアルコール依存症で暴力を振るうと告げられて、判明

♪3-14 マクブライド《インディペンデンス・デイ》/サビ

Let freedom ring①
Let the white dove② sing
Let the whole world know
That today is a day of reckonin'
Let the weak be strong
Let the right be wrong
Roll the stone away, let the guilty pay
It's Independence Day

［作詞・作曲 Gretchen Peters, "Independence Day," 1993（The official YouTube channel of Martina McBride）］

する。8歳（という設定の）語り手が、なんともさらりと、次のようにいうのである。「パパはまたお酒を飲んでいたのに、ママはそんなことはないと、なんとか誤魔化そうとした。でも、パパは証拠を残したの、ママの頬にね」（She tried to pretend he wasn't drinkin' again. But daddy left the proof on her cheek）。その日は、独立記念日であった。自分は、居所に困って、町に催し物を見にいった、と続く。

2番ヴァースでは、小さな町なので噂が広がりやすく、父親が危険な人物であるということを誰もが知っている状況だったことが描かれる。母親は、それでも人前では何事もないかのように振る舞う。しかし、自分でもいずれ取り繕いきれなくなる、と察している。人々は見て見ぬふりをする。頼る人は誰もいない。いよいよ「時間切れ」（time ran out）となる。それが独立記念日だった。

そして、上記に引用したサビとなる（♪3-14参照）。天空

アメリカ独立戦争の勝利を象徴するリバティ・ベル。ペンシルバニア州フィラデルフィアの記念館に安置されている。［出所：United States Library of Congress］

まで届くのではないかと思わせるような、張りのあるマクブライドの声が響く。

その最初のセンテンスは、アメリカ人なら誰もが知っている、独立記念日にちなんだフレーズ「自由の鐘を打ち鳴らせ」である（下線①）。1776年に独立を宣言した際に打ち鳴らされた（と言い伝わる）「リバティ・ベル（自由の鐘）」を連想させる。それはまた、アメリカの代表的な愛国歌《マイ・カントリー・ティズ・オブ・ディー》の1番ヴァースを締め括る有名なフレーズである。そして、マーティン・L・キング牧師が「アイ・ハブ・ア・ドリーム」演説の後半で繰り返したフレーズとしても知られる(5)。

続いて、マクブライドは「白鳩に歌わせよ、世界に知らしめよ、今日が大事な日だということを」と

♪3-15　マクブライド《インディペンデンス・デイ》/3番

Well, she lit up the sky① that Fourth of July
By the time that the firemen come②
They just put out the flames and took down some names③
And sent me to the county home④
Now, I ain't sayin' it's right or it's wrong
But maybe it's the only way
Talk about your revolution
It's Independence Day
(サビ繰り返し)

[♪3-14に同じ]

叫ぶ。この白鳩(下線②)とは、パレードや式典の会場などでいっせいに放たれる鳩を指している。今日は、弱い者が強くなる日、正しい者が正しくないことをする日、「邪魔な」石を取り除く日、そして罪を犯した者に罪を償わせる日、独立記念日である。

いうまでもなく、ここでは「独立記念日」の意義が2つの意味において表現されている。ひとつは、アメリカ植民地13州が宗主国イギリスに対して立ち上がり、その圧政の数々を列挙して世界に知らしめ、戦争を仕掛けて独立を勝ち取ったという意味である。もうひとつは、弱い妻が暴力をふるう夫に対して立ち上がり、その悪行を世間に知らしめ、その罪を償わせるという意味である。この歌を聴く誰もが、2つの意味の間を行ったり来たりして、その重ね合わせを受け止める。政治社会的な意味での自由と、パーソナルな文脈の中での自由とが、重ね合わされているのである。

ただ、まだこの段階にいたっても、母親が何をしたのかは、具体的に明らかになっていない。それが、３番ヴァースでは生々しく描かれる（♪3-15参照）。語り手は、まず、母親が「その年の7月4日、大空を炎で燃え上がらせた」という。アメリカの独立記念日の式典では、花火が打ち上げられることが多い。下線①の lit up the sky という表現は、一瞬そのような式典の様子を思わせ曖昧さを残している。しかし、次の「消防士たちが到着した時には」というフレーズ（下線②）で、母親が自ら火を放ったことが明確になる。火が消され、「彼らは［周りにいた人たちの］名前を書き控えていた」（下線③）。事情聴取のようなことが行われたものと想像できるが、おそらく、父親も母親も死亡が確認された、ということであろう。自分は「郡の施設」に送られることになった、という告白が続くからである（下線④）。

このヴァースの後半の（網掛けにした）最後の数行が、この事件の重みを伝える内容となっている。「私は、正しかったとも、間違っていたとも、いうつもりはない。でも、もしかしたら、それしか方法はなかった。革命っていう言葉があるように」。アメリカが超法規的な手段である革命を起こして建国したことと、母親が放火、殺人を犯して自らを守ったこととが、いま一度ここで重なり合う。今日は独立記念日だ、と。

この曲は、当然ながら、広く注目を集めた。同時に、論争も呼んだ。実際、北米の多くのラジオ局が、あまりに内容が暴力的であるという理由で、この曲のオンエアーを完全にボイコットする、あるいはオンエアーの回数を限定する、という措置をとった。他方、そのような措置に直面する中、多くの励ましや共感の手紙を（女性たちから）受け取ったと、マクブライドは後にいくつかのインタビューで語っている。

DV認知への寄与

忘れてならないのは、当時は、DV（=Domestic Violence）、すなわち（日本語の）「家庭内暴力」という言葉も概念も、一般に認知されてなかった、ということであろう。この時代、家庭内のことはあくまでプライベートな問題で、公の場では話題にしないという暗黙の了解があり、警察や司法などの公権力が介入することをよしとしない風潮が強く残っていた。

明らかに、マクブライド（そしてこの楽曲とビデオの制作に関わったスタッフたち）は、アメリカ社会に対して問題提起をするという自負をもち、従来までとは一線を超える過激な表現をすることに自覚的だったのである。[6]

ポピュラー音楽の中で、男女の恋愛関係を念頭におき、男性の側が女性の束縛から解放される

「自由」をテーマとする楽曲は、すでに紹介した《フリー・バード》や《フリー・フォーリン》も含め、たくさんある。その逆、すなわち女性の側が男性からの束縛から解放される「自由」を歌った曲も、それほど多くはないが、まったくないわけではない。しかし、そうした過去の作品と比べると、１９９３年にリリースされたこの《インディペンデンス・デイ》の歌詞が、いかにレベルの違う強烈なメッセージを発しているかをあらためて思い知らされる。

たとえば、黒人ソウルシンガーのアレサ・フランクリンが１９６８年に発表した作品に《シンク》という曲がある。夫（もしくはボーイフレンド）に向かって、時代遅れの男性主義的な考え方に囚われるな、と訴える歌である。しかし、この歌の中では、別れるのではなく、女性は男性に対して「考えを改めよ」と諭すにとどまっている。また、女性の側がどのような酷い扱いを受けたのかも、具体的には描かれていない。

一方、マクブライドの《インディペンデンス・デイ》においては、女性が受けた暴力が、歌詞の中でもビデオ映像の上でも明示的に描写されている。そして、暴力に対して暴力で対抗するようになるまで、いや、自らも死ぬことを選ぶに至るまで、追い詰められている状況が描かれている。まさに隔世の感がある。

さて、歴史の綾とでもいうほかないのであるが、マクブライドがこの曲を発表してほどなくして、アメリカで国民的関心を集めた大事件が起こった。いわゆる「O・J・シンプソン事件」、すなわちアメリカンフットボールの大スターだったシンプソンが、元妻（とそのボーイフレンド）を殺害した、とされる事件である。翌年まで続いた刑事裁判の過程では、彼が元妻に対して犯した暴力行為が明るみになった。アメリカ社会の中で、DV（家庭内暴力）という言葉・概念の認知が、一気に高まることとなったのである。

この事件の影響もあって、家庭や恋愛というプライベートな関係の中で起こる暴力に対し、どう向き合うべきかについての考え方が、アメリカ社会において大きく変わっていく。マクブライドの《インディペンデンス・デイ》は、その変化の真っ只中に位置付けられることになった。この曲は、リリース当初は、ラジオ局のボイコット措置などもあって、爆発的にヒットしたわけではなかった。しかし、世論の潮目は変化し、そうした措置は次第になくなっていった。

翌年（1995年）、この作品は、カントリー音楽協会が選ぶSong of the Yearを受賞した。以後、この曲は、そしてさまざまな活動を通してマクブライド自身も、家庭内暴力を根絶しようとする社会運動のアイコンとして確立された。(7)

古き良き時代を懐古して

本章の締めくくりに、オールド・クロウ・メディスン・ショー（Old Crow Medicine Show）というバンドが、２００４年にリリースした《ワゴン・ウィール》を取り上げたい。

オールド・クロウ・メディスン・ショーは、私の印象では日本ではそれほど知られていないが、１９９０年代後半から活動を開始した、バンジョーやバイオリンを取り入れたストリングスバンドである。その中心メンバーのケッチ・セコール（Ketch Secor）は、ボブ・ディランの大ファンであり、信奉者であることも自認していた。それで、彼は１９７０年代からほとんどお蔵入りになっていたディランの曲《ロック・ミー・ママ》をベースに、新しい歌詞とメロディを追加して、この作品をつくった。こうした経緯により、バンドだけでなくディランも作者・演奏者の名前として入っている。

新しく生まれ変わったこの曲は、他のアーティストによるカバーも続き、幅広い人気を得てその後歌い継がれてきた。とりわけ、ライブバンドが出演するバーやパブなどにおいて、リクエストに応じて客を交えて歌われることの多い、定番曲のひとつである。

すでに示唆した通り、１９９０年代から２０００年代を通してのポピュラー音楽については、時代的特徴を抽出するということが難しい。音楽のサブジャンル、演奏のテクニックやスタイ

♪3-16　ディラン＆オールド・クロウ・メディスン・ショー《ワゴン・ウィール》／1番

Headed down south to the land of the pines
I'm thumbin' my way to North Caroline ①
Starin' up the road and pray to God I see headlights ②
I made it down the coast in seventeen hours
Pickin' me a bouquet of dogwood flowers
And I'm a-hopin' for Raleigh, I can see my baby ③ tonight

［作詞・作曲　Bob Dylan/Ketch Secor, "Wagon Wheel," 2003（Official Music Video, NettwerkMusic）］

ル、聴く側の嗜好に加え、配信方法やマーケティング戦略も、著しく多様化したからである。そうした中にあって、忘れかけられていた昔の曲を新たに共同作品としてリニューアルし成功したという例は、なかなか珍しいのではないかと思う。それにしても、なぜ、30年以上の時を経て蘇った曲が、音楽感覚のより洗練化された現代においても、多くの人々から支持されているのか。

まず、上に引用した1番ヴァース（♪3-16参照）では、語り手が、東海岸の北部（のどこか）から南のノースカロライナ州のラーレイという町まで、ヒッチハイクで帰郷しようとする状況が描かれている。(8) 1970年代には、ヒッピーや若者たちが都市から都市へと移動する長距離大型トラックに便乗させてもらって旅行する慣行が広く認められていた。しかし、その後、多くの州ではヒッチハイクに対する規制がしだいに厳格になった。2000年代にもなると、ヒッチハイクは、もはや一般的な慣行ではなくなっていた。

ヒッチハイクがテーマになっているポピュラー音楽の作品は、たくさんある。しかし、その圧倒的多くは、1970年代に作られたものである。上記に引用したヴァースは、2000年代になって新たに追加された部分である。セコールが（元歌が作られた）1970年代の雰囲気を彷彿させることを企図し、ヒッチハイクという状況設定を思いついたことは間違いない。

さらに一歩踏み込んでいうと、私の印象では、ヒッチハイクはアメリカの「古き良き時代」を象徴している。なぜなら、それは見知らぬ人同士でも信頼が成立することが前提となる慣行だからである。それゆえ、2000年代になってこの歌を聴くと、かつて人々が寛大で人情味にあふれていた時代が懐かしく思い出される。ヒッチハイクは、貧しい人や若い人々にとっては、旅行や引っ越しなど移動の自由を拡大する、重要な方途だったのである。

たとえば2行目のセンテンスでは、語り手が親指を上に向け、「ノースカロライナまで」と書かれたカードを掲げて、ハイウェイに立っている様子が描かれている（下線①）。このthumbing my wayというフレーズ自体、ノスタルジーを誘う。真っ暗闇の中、一台でも車が通ってくれないかと神に祈っている3行目のセンテンス（下線②）も、実際に夜中にヒッチハイクをした経験がある者――実は私自身もそうした経験があるが――にとっては、スリルと車が止まってくれた

♪3-17　ディラン＆オールド・クロウ・メディスン・ショー《ワゴン・ウィール》/サビ

So, rock me, mama, like a wagon wheel ①
Rock me, mama, any way you feel ②
Hey, mama, rock me
Rock me, mama, like the wind and the rain ③
Rock me, mama, like a southbound train ④
Hey, mama, rock me

［♪3-16に同じ］

時の感動を思い起こさせる。

関連するが、ヒッチハイクという状況設定ゆえ、この歌詞の中ではアメリカのさまざまな地名が登場する。アメリカがいかに広大な国土であるかも印象付けられる。こうしたことから、あからさまな愛国心を煽るわけでないものの、この曲の歌詞には、どことなく、アメリカという国に対する愛着が滲み出ているように感じられる。建国以来の、ニューイングランドからしだいに西へと、もしくは南へと、開拓が進んでいった道を、歌の中で（語り手が）たどっていることも、おそらく意図的に設計された構図であろう。

しかし、古き良き時代へのノスタルジーも、アメリカという国への愛着も、この曲の魅力にとっては、あくまで背景としての要素でしかない。

愛と性、そして自由

ワゴン・ウィール、すなわち「幌馬車の車輪」と題されたこの曲の最大の魅力は、男女間の恋愛を、熱くストレートに表現していることにある。

語り手が東海岸を縦断してノースカロライナに向かおうとしているのは、そこに自分の「愛しい人」(my baby) がいるからである (♪3-16下線③)。何百マイルも離れたところにいる女性に、今夜どうしても会いたいという、一途な男心があふれ出ている。

そして、サビの部分、つまりボブ・ディランによる元歌の部分の歌詞には、生々しい性的な意味合いが明確に込められている (♪3-17参照)。語り手は「揺さぶってくれ」(rock me Mama) と繰り返す。「幌馬車の車輪のように」、「思うがままに」、「雨風の［暴れる］ように」、「南へ向う汽車のように」、揺さぶってくれと (下線①～④)。

一途で、純朴で、気持ちをストレートに相手に告げることのできる恋愛も、２０００年代から見れば、「古き良き時代」を象徴しているといえるかもしれない。一方、時代を超越して、多くの人がそのような一途で純朴な恋愛を理想とし憧れているということも、間違いないであろう。だからこそ、バーやパブなどにおいて、ほろ酔い気分の客たちがこの曲を好んでリクエストし、声をあわせて歌いたくなるのだと思われる。

この楽曲の最後のヴァース、すなわち3番ヴァースを締めくくるセンテンスは、印象深い。語り手は、「ベイビーは俺の名を叫ぶんだ。俺にとっても彼女が唯一の相手」(I hear my baby callin' my name and I know that she's the only one)という。この部分も、性的な含意とともに解釈すべきだと思われる。つまり、単なる述懐ではなく、性的行為のさなかに二人が交している会話が再現されている、という解釈である。そして、語り手は「もしラーレイで死んだとしても、俺はそれでいい。せめて自分の自由のままに、死ねるんだから」(if I die in Raleigh, at least I will die free)と歌う。「自由」と「死ぬ」という二つの言葉が連なって、性的快楽の絶頂の中で、このフレーズが叫ばれている様子が想像される。

1970年代以降のポピュラー音楽において、政治社会的な意味でなく、よりパーソナルな文脈の中でfreeあるいはfreedomという言葉が捉えられてきたことは、前節までで述べた通りである。また、そうした文脈においては、しばしば恋愛が自由を妨害したり制約したりするものとして位置付けられてきたことも、解説した通りである。

ところが、この《ワゴン・ウィール》からは、恋愛関係の中に閉じ込められることの不自由は、いささかも感じ取ることができない。むしろ恋愛によって、自分の魂も肉体も解放されると歌っている。恋愛が、あるいは性愛というべきかもしれないが、自由に人生を全うすることを可能にする、と表現されているのである。

恋愛（性愛）こそが、究極の自由をもたらす。

なんと、ポジティブで幸せな考え方であろうか。この考え方が、１９７０年代という「古き良き時代」に限定されず、時代を超え、普遍的に支持されることを、おそらく多くの人が願っているに違いない。

（1）この点は、学術的にも、多くの論考で指摘されている。たとえば、Kerran L. Sanger, "*When the Spirit Says Sing!*" : *The Role of Freedom Songs in the Civil Rights Movement*（New York: Garland Publishing, 1995）、Bradford D. Martin, "Freedom Singers of the Civil Rights Movement: Delivering a Message on the Front Lines," in *The Theater Is in the Street: Politics and Public Performance in the Sixties America*（Amherst: University of Massachusetts Press, 2004）などを参照。

（2）こうした経緯については、Tammy Kernodle（2008）, "'I Wish I Knew How It Would Feel to Be Free': Nina Simone and the Redefining of the Freedom Song of the 1960s." *Journal of the Society for American Music*, 2(3): 295–317を参照。

（3）この解釈は、この曲のミュージックビデオの映像イメージと一致している。すなわち、1番ヴァースでは、田舎のホームパーティの様子と失恋した女の子がおもに映し出されているのに対し、2番ヴァースでは都会のさまざまな場面が映し出され、その中には男性のみならず女性も登場する。

（4）このインタビューの中で、10年間は女性と関係を持っていないと、マイケルは述べている。さらに、「自分が女性と付き合っている時に作った歌は女性のことを、男性と付き合っている時に作った歌は男性のことを、それぞれ歌っている」という趣旨のことも述べている。この2つの証言が真実だとすれば、1990年の作品である《フリーダム！90》がカミングアウトについてであるという第三説が支持されることになる。

（5）本書第4章のボブ・ディラン《チャイムズ・オブ・フリーダム》の項でも解説する。

（6）たとえば、Country Music Hall of Fame and Museum のインタビューを参照。https://www.youtube.com/watch?v=JUFyhNgGqfA

（7）なお、この楽曲に関しても、2008年に共和党の副大統領候補であった保守派政治家サラ・ペイリンが、おそらくは歌詞の内容を理解しないまま、愛国歌であるとの「誤解」に基づいて、演説会場などに入場する際の音楽に使ったという後日談がある。

（8）歌詞の上では、2番ヴァースで、起点がニューイングランドのどこかであることが特定される。

第4章　レジェンドが歌う自由

ポピュラー音楽史上、「レジェンド」と称されるに相応しいミュージシャンは、それほど多くない。本章では、その中からとくに二人を選んで、彼らがどのように自由という概念を歌ったかを見ていこう。また、そうした楽曲が北米の人々や社会全般にどう関わり、どう影響を与えたかも、あわせて探っていきたい。

前章では、free ないし freedom という言葉が表現される時代的背景に焦点を当てた。この章では、ミュージシャンの側に焦点を当て、彼らがどのように自由を歌ってきたのかを考えていくのである。

取り上げる二人のレジェンドとは、ボブ・ディランとジョニ・ミッチェルである。

音楽の好みは、いうまでもなく、人それぞれである。しかし、好き嫌いは別として、「レジェンド・リスト」なるものが本当にあったなら、この二人がそのリストに入ることに誰も異論を挟まないであろう。とくに、自由という概念がポピュラー音楽でどう表現されてきたかを考える上では、この二人が残した名曲のいくつかを取り上げないわけにはいかない。

（＊以下本章における歌詞の引用は、ボブ・ディランとジョニ・ミッチェルのオフィシャルサイトにそれぞれ依拠した。https://www.bobdylan.com/ および https://jonimitchell.com/ を参照）

ボブ・ディラン

私と同じか、あるいは私より上の世代であれば、ボブ・ディランの名前を知らないという人はおそらくいないであろう。ところが、奉職する大学で20歳前後の学生たちにたずねると、ボブ・ディランという名前を聞いたことがないと答える者もいる。「ほら、ミュージシャンで初めてノーベル文学賞を受賞した人がいたでしょ？」と水を向けると、「ああ、そういえば…」と、ようやく（やや曖昧に）答える。

もちろん、ディランのレジェンドとしての地位が揺らぐことは、将来にわたってもおよそ考えられない。なぜなら、彼がポピュラー音楽の発展に残した功績が、あまりに大きいからである。日本にもファンは多く、影響を受けたことを公言するアーティストもたくさんいる。日本語でディランについて書かれた本も、翻訳も含めれば、数多く出版されている。

しかし、私の印象からすると、ディランの作品の歌詞について、日本語で書かれた解説やこれまで公刊されてきた訳詞（集）では、その魅力が十分に伝わっているとはいえない。とりわけ彼が「自由」という概念をどう表現したか、そしてディラン自身、どれだけ「自由であること」にこだわって生きてきたか、あまり知られていないと思う。

自由を自ら体現する

ボブ・ディランが何より嫌ったのは、既成の定義やカテゴリーの中に自分の存在や自分の歌の解釈が閉じ込められてしまうことであった。「フォークシンガー」、「プロテストソング」、「世代を代表する声」…。メディアや評論家たちの、そうしたレッテル貼りや一元的評価に対して、彼はずっと反発し続けた。映像に残っているインタビューを見ると、タバコを燻らせながら、文字通り煙に巻いたような受け応えをしていることが多い。わざと、自身の本音がどこにあるかを悟られないようにしているようにさえ見える。

ディランの音楽史上の功績としてよく言及されるのは、フォークソングに電気楽器を取り入れたことである。ピート・シーガーをはじめ先輩格のフォークシンガーたち、そして旧来のファンらは、それを快く思わず、ステージで彼の演奏を邪魔しようとしたり、コンサートをボイコットしたり、公の場で「裏切り者」などと罵ったりした。しかし、ディラン自身は、そうした批判に臆することなく、常に新しい刺激を求め続けた。音楽的にはもちろんのこと、パーソナルな人間関係においても、また商業的な成功を目指そうとする上でも、同じ場所に安住することはなかった。

1965年のニューポート・フォークフェスティバルの最終日。ディランがエレクトリック・

ギターを持ってステージに登場し、《ライク・ア・ローリング・ストーン》をはじめ3曲を演奏した。この時大きなブーイングを受けたというのが従来までの説であるが、最近では、ブーイングはおもに前方に座っていた観客たちに限られ、彼らは音響システムがあまりにひどかったことに対しての不満を表現していただけだという説も有力である。[1] いずれにせよ、この時のパフォーマンスは、当時のポピュラー音楽の常識を打ち破り、歴史に残った。絶え間ない革新への渇望が、彼のレジェンドとしての地位を不動のものにしたのである。

慣習やステレオタイプに囚われたくないとディランが強く意識しはじめたのは、かなり早い時期だったと推測される。私には、1963年にリリースした2番目のアルバムのタイトル『フリーホイーリン』（原題：The Freewheelin'）が、そのことを象徴しているように思えてならない。アルバムの表紙には、当時のガールフレンドであるスーズ・ロトロと肩を寄せ合うようにして、ニューヨークのグリニッヂ・ヴィレッジを歩いている姿が写っている。そして、前作のデビューアルバムと違って、このアルバムに収まっているほとんどの楽曲が、ディランのオリジナルである。自由に、気ままに、奔放に、時には自分のプライベートな生活もさらけ出して、つまり自分の思いにすべてまかせて、これから作品を発表していくというのだという意思と自信がみなぎっているようにみえる。

かのBlowin' in the Windも、このアルバムの中に収録された曲の一つである。

名曲の出自と背景

ボブ・ディランが作った中で、日本で最もよく知られた作品はBlowin' in the Windである。小学校の音楽の授業で使われたこともあるし、中学校の英語の教科書に載ったこともある。それゆえ、メロディを覚えている方も多いであろう。1番ヴァースぐらいは、英語で暗記している方もおられるかもしれない。

日本語で付けられたタイトル「風に吹かれて」は、名訳だと思う。

この楽曲の中で、freeという言葉が登場するのは、2番ヴァースの中である（♪4-1参照）。訳すと「人々が自由になれるまでには、いったいどれだけの年月を過ごさなければならないの

♪４－１　ディラン《風に吹かれて》／２番の抜粋

> Yes, 'n' how many years can some people exist
> Before they're allowed to be free?

［作詞・作曲　Bob Dylan, "Blowin' in the Wind," 1962］

か」となる。(細かな点だが、助動詞canが使われているのは、1番と3番ヴァースで使われているmustの多用を避けたかっただけと思われるので、同義と解した。)

この曲の歌詞の中で自由という言葉が登場するのは、この一箇所だけである。しかし、《風に吹かれて》は、まぎれもなく、自由についての歌である。自由の大切さ、そして自由であるとはどういうことかを、深くさまざまに考えさせる。

「自由になれるまでには…」という表現は、裏返せば、「まだ自由でない」ということを意味する。また、単に「自由になる」(become free)ではなく、「自由になれる」([a]re allowed to be free)という表現からは、自由になることを妨げている何かがある、という社会の構図が暗示されている。当然ながら、ここで真っ先に思い浮かぶのは、アメリカ国内における黒人たちに対する人種差別問題である。

アルバム『フリーホイーリン』がリリースされた１９６３年といえば、公民権運動の高揚が頂点に達し、8月には首都ワシントンへ向けたいわゆる大行進が敢行された年であった(第3章参照)。そのとき開かれたコンサートで、ピーター・ポール＆マリーという人気コーラスグループが20万人もの大観衆を前にして《風に吹かれて》を歌った。[2]ディラン自身もこのコンサートに参加し、いくつか新曲を披露した。そのうちのひとつは《オンリー・ア・ポーン・イン・ゼア・ゲーム》と題された曲であった。pawnとは、チェスゲームの歩兵、つまり一番軽い身分の駒のことである。その内容は、ほんの2ヶ月ほど前に、有力な黒人指導者メドガー・エヴァースが暗殺された悲劇的な事件についての歌であった。

こうした時代背景をふまえると、上記で言及されているsome peopleは、少なくとも第一義的には、根強い人種差別にさらされている黒人たちを指している、と理解すべきである。リンカーン大統領が奴隷解放を宣言してから(ちょうど)100年も経ったのに、いまだに鎖に繋がれた身分から自由になっていないかのような彼らの苦難が、ディランの念頭に置かれていたのは間違いない。

実際、《風に吹かれて》のメロディーは、19世紀に歌われていた《ノー・モア・オークション・ブロック》という奴隷売買を憂いた黒人霊歌がベースになっていたことが知られている。この「出自」に関しては、ディラン自身も認めている。ただ、歌詞については、ディランがこの古い歌からインスピレーションを得て作ったものだといわれている。

♪４−２　ディラン《風に吹かれて》／１番

① How many roads must a man walk down
Before you call him a man?
② Yes, 'n' how many seas must a white dove sail
Before she sleeps in the sand?
③ Yes, 'n' how many times must the cannonballs fly
Before they're forever banned?
④ The answer, my friend, is blowin' in the wind
The answer is blowin' in the wind

［♪４−１に同じ］

a man は誰を指すのか

その１番ヴァースの全文を引用して、詳しく考察していこう（♪４−２参照）。

冒頭（①）に登場するa manという言葉も、上に述べたのと同じ理由から、一般的な意味での「男」や「大人」ではなく、黒人を指していると捉えなくてはならない。当時、黒人への差別の意識や慣行が残る中、とくにアメリカ南部においては、黒人男性に対してboyという蔑称が使われていた。いったいいつになったら、自分たちは（boyではなく）manと呼ばれるようになるのか。いったいいつになったら、自分たちは白人と同じ人間として扱われるようになるのか。黒人たちの心の叫びが、この一節に込められている。

しかし、繰り返しになるが、ディランは決められた枠の中に自らの作品の意味が押し込められて解釈されることを非常に嫌った。《風に吹かれて》は、１９６０年代を代表する典型的なプロテストソングとしてしばしば紹介されるが、ディランはこの曲についても、そのように単純に位置付けされることを快く思っていなかったと伝えられている。実際、《風に吹かれて》は、単なるプロテストソングの枠に収まりきらない、詩的な奥行きと多義性を備えている。そうであるからこそ、名曲として歌い継がれ、長きにわたって慕われてきたのだと、私も思う。

実は、黒人男性がboyという蔑称で呼ばれmanとして認識されないことについては、ディランがそれをはじめて歌詞にしたわけではない。1950年代に、ビッグ・ビル・ブルーンジーという黒人歌手が歌った《アイ・ワンダー・ホエン・アイル・ゲット・トゥ・ビー・コールド・ア・マン》という楽曲がある。そのものずばりのタイトルで、歌の中でも「いったいいつになったら、自分はmanと呼ばれるようになるのか」というフレーズが何度も繰り返される。具体的な経歴として自分は徴兵されて戦争へも行ったんだぞ、と訴える。力仕事もできるし、強盗団の一員だったことさえある、とも訴える。しかし、結局のところ「黒人はboyで、何ができるかなんて関係ないんだ（Black man's a boy, don't care what he can do）」と呟く。小気味よいブルースギターに乗り、悲哀や怒りを通り越して、もはや諦めの境地に近い黒人たちのため息が聞こえてくるような曲である。

ところが、ディランの歌詞では、苦難を語るのに、具体的経験が列挙されていない。その代わりに、many roads、つまりいくつもの道のりを歩く、という抽象的な表現が用いられている（①）。公民権運動がクライマックスを迎える中、アメリカ各地からワシントンに集結し行進した聴衆は、その歌詞を自らがたどってきた長い旅程と重ね合わせて口ずさんだのかもしれない。しかし、おそらく彼らはさらに、many roads が第一義的には差別問題を指すと理解しながらも、同時に、それ以外の苦難をも一般的に象徴していると捉え、そうした状況を乗り越えようとする人々の姿を想い描くことができたはずである。

黒人に対する差別は、黒人だけでなく、それ以外の人々にとっても自らの問題として共有されなければならない。苦難を乗り越えて目指すべきは、単に黒人男性が man と呼ばれる社会ではなく、すべての人が人間としての尊厳を認められて暮らせる社会である。

ディランは、この最初のたった1行で、そうした共感や連帯を意識させることに成功している。

表現する自由、解釈する自由

さらに続けて、ディランの歌詞の詩的な広がりをたどってみたい。

①を受けて、②で登場する白い鳩（a white dove）が平和を象徴していることはいうまでもない

であろう。人が長い道のりを歩かなければならないように、鳩も広い海を渡らなければ、平穏な休息を得ることができない。海、空、砂浜、そしてそこへ舞い降りる白い鳩…と、美しい光景が流れるようにして目に浮かぶ。

ところが、抽象度の高いフレーズをここまで並べておきながら、③では「大砲の弾」という生々しい言葉が挿入され、聴く者はハッとさせられる。さらに、「いつになったら砲弾を打ち合うことは永遠に禁止されるのか」という、強い政治的主張とも取れるメッセージに驚く。

このメッセージはただ政治的であるだけではない。そこには高い理想も込められている。それゆえ、聴く者は、人間の歴史がこれからもずっと（永遠に）続いていくのだ、ということを思い出す。このようにして、黒人差別とベトナム戦争という現世の状況を直接的には描きながらも、その先にある未来の人間社会へと、聴く者の想像力を導いてくれるのである。

ディランは、だからどうせよ、というような教訓や行動指針を示さない。①から③までのフレーズは、すべて疑問形で提示されている。それらを受けて、④では「その答えは、風（の中）に吹かれている」とだけ結んでいる。この構図は、2番と3番ヴァースでもまったく同様である。

「風に吹かれている」という一節が何を意味するかについては、評論家やファンの間で、これまで百家争鳴、さまざまな解説や議論が提示されてきた。その中には、たしかに「答えは、風が吹くように自明なのだから、今こそみんなで立ち上がろうではないか」と社会運動を鼓舞している、とする解釈もないわけではない。しかし、そうした捉え方とはまったく対照的に、「答えは、それをつかまえたとしても風のようにすぐ飛んでいってしまう」という、一種の無常（感）を表現している、とする解釈もある。すべての優れた詩や文学の表現に当てはまることだが、この「風に吹かれている」についても、何か一つの正しい解釈があると考えることこそ、見当違いであろう。

聴く者それぞれが、さまざまな意味を引き出しうる多義性。

それは、裏返せば、聴く者それぞれが自分の感じるままに受け止めればよい、あるいは自分の感じるままに受け止めてほしい、とディランが願ったことの表れともとれる。

自分の作品が既成の音楽ジャンルに押し込められること、自身の存在意義が限定されることを何より嫌ったディランは、たとえ国家社会が重大な問題に直面していようとも、いや国家社会が重大な問題に直面している時こそ、自らの歌詞の意味を押し付けてはならない、歌詞の意味は多様な解釈に開かれてなければならないと、より強く意識していたのではないか。私にはそう思えてならない。

ポピュラー音楽を通じ、ディランは「表現する自由」を貫いた。

彼はまた、聴く者たちの「解釈する自由」も尊重したのである。《風に吹かれて》が、黒人差別やベトナム戦争という現実問題を念頭においていたことは明らかであるが、この楽曲が名曲として長く歌い継がれてきたのは、単にそれらを告発したからではない。こうした問題がアメリカ社会に落としていた影が暗ければ暗いほど、そしてそれらが及ぼす閉塞感が重ければ重いほど、「風に吹かれている」という一節に込めたディランの自由への想いもまた、人々の心に奥深く刻まれたのである。

自由と鐘

1964年にリリースされたアルバム『アナザー・サイド・オブ・ボブ・ディラン』に収録された《チャイムズ・オブ・フリーダム》は、私の印象では、日本の音楽ファンの間であまり知られていない。少なくとも、前項で紹介した《風に吹かれて》と比べれば、知っている人ははるかに少ないであろう。しかし、ボブ・ディランが残してきた作品の中で、いやポピュラー音楽の全歴史を通しても、自由というテーマに関しては、この楽曲を語らないわけにはいかない。

《チャイムズ・オブ・フリーダム》は、その歌詞が非常に詩的に洗練され、芸術性の高い作品

♪4-3　ディラン《チャイムズ・オブ・フリーダム》/1番

A	A1-①	Far between sundown's finish and midnight's broken toll
	A1-②	We ducked inside the doorway, thunder went crashing
	A1-③	As majestic bells of bolts struck shadows in the sounds
	A1-④	Seeming to be the chimes of freedom flashing
B	B1-⑤	Flashing for the warriors whose strength is not to fight
	B1-⑥	Flashing for the refugees on the unarmed road of flight
	B1-⑦	An' for each an' ev'ry underdog soldier in the night
C	C1-⑧	An' we gazed upon the chimes of freedom flashing

［作詞・作曲　Bob Dylan, "Chimes of Freedom," 1964］

であると評価されている。ヴァースは1番から6番まであり、それぞれがかなり長いので、全部を詳しく紹介することはできない。ただ、どのヴァースも、同一の構造でできあがっている。まずは、1番ヴァースを題材にして解説していこう（♪4-3参照）。

すべてのヴァースが、このようなA、B、Cの三つの部分から構成されている。まずAで、語り手（およびそのパートナー）が置かれている状況が描写される。1番ヴァースに則していえば、時刻は、日没から真夜中までの長いあいだ（のどこかの時点）である（A1-①）。二人が（カテドラルの）入り口へ駆け込んで雨宿りをすると、雷鳴が轟き始める（A1-②）。稲妻が魔法がかった鐘を打ち鳴らし、あたりの物音を影へと追いやる（A1-③）。それはあたかも自由の鐘が閃めき轟いているかのようである（A1-④）。

続いて、Bでは、その鐘が誰のために鳴らされているのかが列挙されていく。戦わないと心に決めた戦士たち（B1-⑤）、武器を捨てて避難する人たち（B1-⑥）、そして夜中に敗走する兵士一人ひとり（B1-⑦）。最後にCでは、語り手たちがその自由の鐘の閃光をただ見上げる、と結ばれている（C1-⑧）。

「自由」を「鐘」と関連付けて認識するのは、アメリカ人にとってごく自然のことである。自由の鐘という言葉をきいて、多くのアメリカ人がまず連想するのは、現在フィラデルフィアのインディペンデンス国立歴史公園内の建物に安置されている「リバティ・ベル」であろう。1776年に独立を宣言した際に打ち鳴らされた（と伝わる）鐘で、まさしく建国以来のアメリカの理念が自由という概念であることを象徴する歴史的モニュメントである。また、アメリカで愛国歌の一つとして広く親しまれている《マイ・カントリー・ティズ・オブ・ディー》という楽曲がある。その1番ヴァースは、let freedom ring という一節で結ばれていて、自由を勝ち取った喜びが鐘の音にのって山々にこだまするイメージが歌われている。[3]

前述したが（第3章）、この let freedom ring は、マーティン・L・キング牧師の有名な演説「アイ・ハブ・ア・ドリーム」の後半部分で、何度も繰り返されたフレーズでもある。この演説の最後を、キング牧師は、Free at last, free at last. Thank God Almighty, we are free at last と連呼して締めくくった。この呼びかけも、あたかもチャイムのように、大観衆で埋め尽くされた会場に響き渡り、その場面を記憶に留めているアメリカ人も少なくない。

ディランの《チャイムズ・オブ・フリーダム》では、語り手たちは教会のカテドラルを背にして外の様子を眺めている、という設定になっている。しかし、彼らが聴き入るのは、教会が鳴らす美しく整然とした鐘の音ではない。強い雨風とともに荒々しく鳴り出した雷の音である。眼前に稲妻の閃光が走る。そして、あたりの雑音すべてを消し去るかのように、雷鳴が轟きわたる。自然現象のこの圧倒的な力を見せつけられて、語り手のイマジネーションが膨らんでいく。夜空を切り裂く光、大地を打ち付ける音は、誰かに向けられて鳴る自由の鐘のようである、と。

鐘の音は誰がために

では、それは誰に向けられているのか。

上記の通り1番ヴァースでは、武器を手に取らない人や戦いに敗れた兵士たちに言及し、ここだけを切り取るなら、反戦というテーマが浮かび上がる。しかし、続けて聴いていくと、語り手のイマジネーションは、雨風の状況の変化に促されるかのように、さらに広がっていく。

たとえば、3番ヴァースでは、自由の鐘の鳴っている対象は、より抽象的、一般的に表現され

♪4－4　ディラン《チャイムズ・オブ・フリーダム》／3番および4番の抜粋

［3番］
B3-⑤　Striking for the gentle, striking for the kind
B3-⑥　Striking for the guardians and protectors of the mind
B3-⑦　An' the unpawned painter behind beyond his rightful time

［4番］
B4-⑤　Tolling for the deaf an' blind, tolling for the mute
B4-⑥　Tolling for the mistreated, mateless mother, the mistitled prostitute
B4-⑦　For the misdemeanor outlaw, chased an' cheated by pursuit

［♪4－3に同じ］

ている（♪4－4参照）。優しい人、親切な人（B3－⑤）。B3－⑥のguardians and protectors of the mindとは、自分の心、あるいは良心と訳すべきかもしれないが、それを守って生きていこうとしている者たちを意味している。時代に合わない画家（B3－⑦）も、とくに芸術家を直接的に指しているのではなく、流行や周りからの圧力に同調せず自分を大切にする人を象徴していると解釈すべきであろう。

さらに、4番ヴァースへと進むと、今度は逆に、きわめて特定化された属性を持つ人々のリストが提示される。すなわち、障がいを持つ者たち（B4－⑤）、虐待を受けたシングルマザー、娼婦（B4－⑥）、そして犯罪に巻き込まれてしまった前科者（B4－⑦）である。

このように、語り手のイマジネーションを通じて、時には抽象的にまた時には具体性をもってディランが網羅しようとしているのは、社会の中で蔑まれていたり、虐げられたりしている人々、あるいは社会の中で怯えて暮らしている人々である。

いうまでもなく、アメリカはもともと、18世紀に、イギリスという大国の国王（ジョージ3世）の圧政に苦しめられていた植民地の人々が自由を求め、戦争に勝利して作った国家であった。ただ、いったん国ができあがると、その中に、強者と弱者、マジョリティとマイノリティといった分断が生まれることは避けられない。アメリカは、独立後もっとも先端的な民主主義国家を標榜し実現した。しかし、民主主義とは、独裁者や専制君主、すなわち少数派の暴挙に対して多数派を守るための思想制度である。多数派の暴挙から少数派を守るための思想制度ではない。フィラデルフィアのリバティ・ベルは、アメリカに自由がもたらされたことを讃えるモニュメントであるが、現代のアメリカ社会の中で蔑まれ虐げられ怯えて暮らす人々に向けた福音を鳴らすことはできない。

ディランの歌詞の中では、荒れる雨風とその中で轟きわたる雷鳴が、他の音をすべて消し去る圧倒性を備えていることが強調されている。たとえば、上記のA１-③もそうであるが、それに加えて、A２-④および④では As the echo of the wedding bells before the blowing rain dissolved into the bells of the lightning（雨風の前に聞こえていた結婚式の鐘の音は雷が打ち鳴らす鐘に溶け込んでいった）、またA3－③および④ではThat the clinging of the church bells blew far into the breeze, leaving only bells of lightning and its thunder（教会の鐘の余韻は風の中へと遠く消え失せ、稲妻と雷鳴の鐘だけが残った）と表現されている。

教会で鳴らされる鐘の音は、本来、成功や幸せを伝える福音である。しかし、現代のアメリカ社会においては、教会の鐘は、めぐまれた階層に属する者たち、結婚式をあげることのできる幸運な人々を祝福することはできても、取り残された社会的弱者の心に響かない。

これに対して、教会の鐘の音をかき消す雷鳴は、社会における勝ち組と負け組という構図をリセットしてしまうような、あるいは少なくとも瞬間的に忘れさせてくれるような、そうした圧倒性ないし魔術性を持っているとイメージされている。それゆえに、語り手のイマジネーションが、さまざまな社会的弱者たちへと向かうのである。

さて、雨風はすこしずつ弱まり、最後の6番ヴァースでは、語り手たちが最後まで嵐の行方を見届けようとする様子が描かれている。特にこのヴァースの後半部分は、韻を踏みつつ、力強く畳み掛けるようにして、聴く者の心を揺さぶる（♪4－5参照）。

突然の雷雨に、はじめ二人は「驚いて顔を見合わせて笑っていた」が（A6－①）、まるで「時

♪４－５　ディラン《チャイムズ・オブ・フリーダム》／６番

A	A6-①	Starry-eyed an' laughing as I recall when we were caught
	A6-②	Trapped by no track of hours for they hanged suspended
	A6-③	As we listened one last time and we watched with one last look
	A6-④	Spellbound an' swallowed 'til the tolling ended
B	B6-⑤	Tolling for the aching ones whose wounds cannot be nursed
	B6-⑥	For the countless confused, accused, misused, strung-out ones an' worse
	B6-⑦	An' for every hung-up person in the whole wide universe
C	C6-⑧	An' we gazed upon the chimes of freedom flashing

［♪４－３に同じ］

間が止まった中に捕えられた」かのようだった（A６－②）。「最後にもう一度耳を澄まし、最後にもう一度目を凝らした」（A６－③）。すると、二人は依然として自分たちが「魔法をかけられた」ままであることに気づく（A６－④）。そして、最後の鐘が鳴る。「癒えない傷の痛みを負っている者たち」のために（B６－⑤）。「惑わされたり、非難されたり、利用されたり、麻薬中毒にかかったり、あるいはさらにもっと酷い仕打ちを受けたりした、数えきれない人たち」のために（B６－⑥）。そして、「どこかで［人生が］うまくいかなくなってしまった、この広い世界のすべての人たち」のために（B６－⑦）。最後の一文は、「その自由の鐘の閃光を、僕たちはただ見上げていた」（C6−⑧）である。

こうして、雨風が止んでいく様子が描かれて、この曲は終わる。嵐は語り手たちのいる前から遠ざかっていった。ただ、はっきり読み取れるわけではないが、嵐は違う場所へと移動し、その先でまだ稲妻が光り雷鳴が轟いているようにも想像できる。だからか、語り手のイマジネーションは、最後に究極の普遍性へと向かう。自由の鐘は、世界のすべての恵まれない人たちを讃えているのだ、と。

新しい自由の礎石

ボブ・ディランの足跡を研究してきた専門家の間では、1964年前後に彼の音楽活動に大きな変節があったことが指摘されている。端的には「政治の歌」から「パーソナルな歌」への転換だとされる。もっとも、ディラン自身はそのような解釈をナンセンスと一蹴するであろう。ほかにも、ディランが一時期政治性の高い楽曲に執心したのは、上述の恋人スーズ・ロトロが熱心な活動家でその影響を受けたからだ、という説もある。こちらも、当人同士の話で、客観的には確証しようのない解釈である。

《チャイムズ・オブ・フリーダム》は、格調高い詩的な表現に包まれている。しかし、その一方で、アメリカの、いや人間社会の、根源的な問題を告発しているという意味では、依然として政治的主張を発信している。なぜ、1964年の時点でもなお、ディランがこれほど重厚なメッセージを世に送り出そうとしたのか、という疑問が残る。

この楽曲自体の制作経緯についても、評伝や論説ではさまざまな説が唱えられており、実際のところはわからない。ただ、諸説の中で私が興味深いと思ったのは、1963年11月22日にケネディ大統領が暗殺され、その2日後に暗殺者リー・H・オズワルドも暗殺されるという事件が立て続けに起こったことが背景としてあった、という説である。アメリカ全土がまだ衝撃から立ち直っていない同年12月、ディランはある人権団体から表彰されることになった。ところが、その表彰式の席上で（酔って）「オズワルドにも同情できる」という趣旨の発言をし、ひんしゅくを買ってしまう。後に、自分の振る舞いのせいで、この団体への寄付が大幅に減ってしまったことを知ったディランは、この団体へ手紙を送る。その中で、自分は金銭的な償いはできないが、道義的責任を果たすためになんでもする、と記している。翌年2月にディランが《チャイムズ・オブ・フリーダム》を完成させたのには、その償いの意味が込められている、という説である。[4]

ディランは、発表後ほどなくして、この歌を封印した。他のアーティストがカバーで取り上げることはあっても、1980年代の終わり頃まで、自身がコンサートでこの曲を演奏することはなかったそうである。その理由が、「変節」のせいなのか、それとも「償い」を完済したと思ったからなのか、この点も真実はわからない。

しかし、長い時を経ても、《チャイムズ・オブ・フリーダム》が忘れられることはなかった。それどころか、この名曲は、その後いくつかの歴史の転換点で脚光を浴び、重要な役割を果たした。

1988年7月19日、東ベルリンで野外コンサートが開かれた。東ドイツ各地から30万人もの人が押し寄せ、その大観衆を前にブルース・スプリングスティーンが《チャイムズ・オブ・フリーダム》を熱唱した。テレビ中継も含めれば、100万人以上の人々がこのコンサートを見たといわれている。それから16ヶ月後、ベルリンの壁が崩壊した。

東西ドイツの統一、ましてや冷戦の終焉が、ひとつの音楽パフォーマンスによって起こった、などということはありえない。しかし、ベルリンの壁を崩壊へと追い込んだ人々のパワーとエネルギーに、この曲のメッセージがまったく無関係だったということもまたありえない。

1993年1月、アメリカで民主党のビル・クリントンが42代大統領に就任した。当時若かったクリントンは、かつてのケネディ大統領とイメージが重なった。12年間続いた共和党政権に代わって、社会的弱者に対する配慮が大きく改善されるのではないかという期待も高まった。就任式の数日前、就任を祝うコンサートが開催され、サプライズゲストとしてディランがステージに登場した。そして、《チャイムズ・オブ・フリーダム》を歌った。この種の政治的イベントに参加すること自体、彼にとって珍しいことであり、この曲を大観衆の前で披露することも初めてだった。

ディランが立った舞台は、リンカーン大統領の記念碑があるワシントンD.C.のメモリアルセンターである。そこは、30年前にキング牧師が「アイ・ハブ・ア・ドリーム」の演説をした場所でもあった。

アメリカの建国以来の理念である自由。そして、自由が鐘の音と関連づけられて語られる伝統。

ボブ・ディランの《チャイムズ・オブ・フリーダム》は、確実にその伝統に新しい礎石を据え、自由という概念の現代的でかつ普遍的な意義を人々に訴えたのである。

ジョニ・ミッチェル

ジョニ・ミッチェル（Joni Mitchell）は、ボブ・ディランと並ぶ偉大なシンガーソングライターとして評価され、世界のミュージシャンたちに影響を与え続けてきた。もっとも、ミッチェル自身は、機会あるごとに、一番好きなのは絵を描くことだと強調している。自分のクリエーティヴなスキルは「視覚的（ヴィジュアル）」なもの、とも言っている。[5]「シンガーソングライター」という呼称を用いて紹介すること自体、彼女の類希なアーティストとしての天賦を矮小化してしまうかもしれない。

ミッチェルは、メディアのインタビューや出演依頼にほとんど応じず、公的な場にもあまり姿を現さないことで知られている。もちろん、インターネットで検索すれば、彼女の生い立ちや活動についての情報は、あまたの受賞歴とディスコグラフィーも含めて、容易に手に入れることができる。しかし、日本では、ミッチェルのことは詳しく知られていない。またファンの数も（前項で紹介したディランに比べればはるかに）少ない。そこで、まず彼女のプロフィールについて、短く書かせていただく。

生誕からデビューまで

ジョニ・ミッチェルは、１９４３年にカナダの西部アルバータ州で生まれた。デビューに至るまでの彼女の半生は、さまざまな困難に満ちたものであった。幼い頃ポリオを発症し長く入院したこと、美術学校へ通うも個性を重んじない方針に嫌気がさし1年ほどで中退したこと、シングルマザーとして出産した娘を金に困窮し養子として差し出したこと、そして（チャック・ミッチェルという）フォークシンガーと結婚したが2年も経たないうちに離婚したこと、などである。こうした苦しい経験を積み重ねたことで、人間および人間関係を見つめる彼女の視線が研ぎ澄まされていったのは間違いない。

ミッチェルがデビューしたのはいつか。実は、これを正確に特定するのはむずかしい。初めてのアルバムのリリースをデビューの年と定義すると、彼女の場合１９６８年ということになる。しかし、カルガリーのライブ（コーヒー）ハウスで演奏を始めたのは１９６４年である。アメリカに拠点を移したのは１９６５年である。以来、北米のさまざまな場所で活動を続け、その中で人脈が広がり、いくつかの決定的な出会いが訪れる。

１９６７年、ある音楽プロデューサー（アル・クーパー）が、彼女が住んでいたニューヨークのアパートを訪ね、その場でBoth Sides Now（邦題《青春の光と影》）を聴いた。彼は、感銘を受け、真夜中であったにもかかわらず、女性シンガーのジュディ・コリンズを電話で叩き起こし、この歌を新しいアルバムに収録すべきだと説得した。[6] ミッチェルが電話口で歌うと、コリンズも気に入って、結局Both Sides Nowはアルバム『ワイルドフラワーズ』に収録されることになった。翌1968年、それはシングルカットされ、記録的な大ヒットとなる。コリンズはすでに名の知られた存在であったが、作者ジョニ・ミッチェルの名前が世界の音楽関係者に知れ渡ったのは、この時であった。

同じく1967年、マイアミの一角、当時フォーク歌手のたまり場だったココナッツ・グローブのある店で、デヴィッド・クロスビーがミッチェルに遭遇した。クロスビーは、彼女の美しい声と巧みなギター演奏に圧倒されただけでなく、彼女に一目惚れした。当時、クロスビーは、《ミスター・タンブリン・マン》をヒットさせ人気の絶頂にあったバンド「バーズ」(The Byrds)を、追い出されるように退団していた。そこで、新しい仕事として、プロデューサー気取りで彼女にアプローチしたのである。ミッチェルに西海岸に移ることを勧め、彼女も応じた。ロサンゼルス周辺で、多くの音楽関係者に紹介される中、ミッチェルのファーストアルバムの契約が結ばれた。[7]

本筋から逸れるが、この機会に、ミッチェルのアルバムや曲名の邦題のつけ方の稚拙さを指摘

しておきたい。ミッチェルのこのファーストアルバムの原題は、Song to a Seagull である。絵を描くことが好きで、視覚的にクリエーティヴな彼女は、おそらくカモメに歌いかける自分をまず想い描き、その原風景をもとにアルバムのコンセプトを作りあげていったのである。ところが、日本では、このアルバムに『ジョニ・ミッチェル』という、なんとも無味乾燥なタイトルが付されている。同じく、ミッチェルがコリンズに譲って大ヒットした Both Sides Now の邦題「青春の光と影」も、訳としては不適切である。そもそも「青春」に該当する言葉は、英語にはない。致命的なの

は、「青春の光と影」では、大人が若い頃を振り返って「いい時も悪い時も両方あった」などと達観しているかのように感じられることである。しかし、ミッチェルが伝えたいのは、正反対のメッセージである。つまり、「自分は、空に浮かぶ雲を見てもひとつの見方ではないことを思い知らされた…いろいろな恋愛を経験して愛するとか愛されるとかいうことが何なのかわからなくなった…ましてや、人生なんて自分でどう考えていいのか、見当がつかない…」と、成長したところで絶対に消えてなくなることのない根本的な迷いや疑いについて、語っているのである。ミッチェルは、翌1969年にリリースした2番目のアルバムに、この曲を自分で歌って収録している。そのアルバムのタイトルは、Clouds である。ところが、このアルバムの邦訳名も『青春の光と影』となっている。Both Sides Now の1番ヴァースの導入部分には幼い子供が雲(clouds)を見上げている原風景があるのだが、そのイメージは日本語タイトルからは伝わらない。

さて、コリンズによる大ヒットのおかげで、ミッチェルの名前は広く知られるようになったものの、ミッチェル自身がスターダムにのしあがったわけではなかった。クロスビーが手がけたファーストアルバムも、商業的に成功したとはいえなかった。しかし、ミッチェルの非凡な音楽的才能は、会う人誰もが即座に認めるところであり、それが開花するのは時間の問題であった。

そして、ついにその時が訪れる。ポピュラー音楽史上で最大のイベントと評されたウッドス

1969年夏、40万を超える人々が集まったウッドストックのコンサート。写真は、オープニングで聖者スワミ・サッチダーナンダが祈祷を捧げる場面。［出所：PublicDomainPictures.net］

トックのコンサートである。

神話としてのウッドストック

ウッドストック・フェスティバル（正式にはWoodstock Music and Art Festival）は、１９６９年の8月、週末3日間にわたって開催された空前の野外コンサートである（第3章参照）。ジョニ・ミッチェルの作品《ウッドストック》は、タイトル通り、彼女がこのイベントについて作った楽曲である。最も有名なヴァージョンは、クロスビー、スティルス、ナッシュ＆ヤングがロック調にアレンジしたもので、１９７０年にシングルとして大ヒットした。オリジナルの、ミッチェル自身が電子ピアノで静かに弾き語るヴァージョンは、同じく１９７０年にリリースされた『レディズ・オブ・ザ・キャニオン』という彼女のアルバムに収録されている。

《ウッドストック》は、このコンサートの「精神」(spirit) や「本質」(essence) を見事に捉えた作品として、高く評価されている。ところが、実はミッチェル自身は、コンサート会場に行っていない。当初は、登壇する予定でニューヨーク (ラガーディア) 空港に到着したのだが、予想をはるかに上回る数の人がコンサート会場に向かっており、道路が混雑しその一部が封鎖されていることを知って、参加を断念したのである。この判断に至ったのは、彼女にとって初めての全国ネットのテレビ番組 (Dick Cavett Show) への出演がコンサートの翌日に予定されており、現地から戻れなくなるとマネージャーが危惧したからである(8)。

現場にいなかったのにもかかわらず、なぜこの名曲を作り上げることができたのかというと、それは、上述した通り、彼女の稀有な視覚的直感に拠るところが大きい。ミッチェルは、ホテルの部屋にこもり、テレビのニュース報道でコンサートの様子が映し出されるのを見ながら、ほぼ一夜のうちにこの曲を完成させたといわれている。

ミッチェルは、どのようにしてウッドストックの「精神」ないし「本質」を捉え、表現したのか。このイベントを決定的に特徴づけたのは、音楽を聴くために、類例のないほど大勢の人がひとつの場所に集まった、という事実そのものである。振り返ってこのコンサートは「カウンターカルチャー」の祭典だったなどと、後付け的な解釈が付されることもあるが、カウンターカル

♪４-６　ミッチェル《ウッドストック》／１番

① I came upon a child of God
② He was walking along the road
③ And I asked him where are you going
④ And this he told me
⑤ I'm going on down to Yasgur's farm
⑥ I'm going to join in a rock 'n' roll band
⑦ I'm going to camp out on the land
⑧ I'm going to try and get my soul free

［作詞・作曲　Joni Mitchell, "Woodstock," 1970］

チャーという言葉は当時も今も曖昧であり、実際に参加した40万人もの人々が同じ文化や政治目的を共有していたということはありえない。むしろ、背景も価値観も異なるのに、なぜこれほどまでに多くの人々が集まったのか、という方が不思議なのであって、そういう問いをたてなければ、このイベントの核心的意義を見誤ってしまう。そして、ミッチェルはまさに、その問いの答えを一言で言い当てた。人々は、それぞれ「魂を自由に解き放とう」として、ここに集まったのである、と。

このフレーズは、１番ヴァースに登場する（♪４-６参照）。ご覧の通り、１番ヴァースの冒頭は、(語り手が)「神の子（a child of God)」に遭遇した、という衝撃的な一文で始まる（①）。続けて、語り手は「(神の子が）道を歩いていたので、どこへ行くのですか、とたずねた」という（②～③）。多くのアメリカ人にとって、「神の子」はイエス・キリストを意味する。それゆえ、当然ながら、ここには宗教的、神話的な原風景が描き出されている。その「神の子」が告げる、「私はこれからヤスガーの農場に行くのだよ。ロックンロールのバンドに加わるのだよ。その場所で野宿をするのだよ」と（④〜⑦）。そして、「私の魂を自由に解き放とうとするのだよ」という、印象的な一文でこのヴァースが結ばれる（⑧）。

このように、ミッチェルは、背景も価値観も異なる40万人もの人々が、同じ場所を目指している様子を、あたかも「神の子」に自発的に従っていく人々の行動としてイメージしたのである。神の子が向かう農場、すなわちウッドストックでは、音楽が奏でられている。そこへ行けば、魂が自由になる。その啓示に導かれ、自分の魂を解放するため、大勢の人たちがついていく。なんとも幻想的で、しかし同時に、北米の人々にとっては、どこかで聞いたことがあるような物語となっている。北米では、子供の時から、教会に通ったり、聖書を読み聞かされたりする機会が多いからである。

万が一にも誤解がないように断っておくと、ウッドストックは、キリスト教の教義とまったく関係のないイベントであった。どちらかというと、参加者には、宗教に関心のない人、神の存在さえ信じない無神論者が多かったであろう。ミッチェルは、いってみれば、それを逆手に取った。つまり、このイベントがキリスト教と関係しているなどと誰も思わないことを確信していたからこそ、逆に、宗教的、神話的な物語を作り上げることで、その核心的意義を表現することに成功したのである。

人間は尊い

１番ヴァースに続くサビの部分は、また違った意味で衝撃的かつ印象深い一文から始まる。（細かな点だが、サビは、少なくともこの場面では、神の子が語っているのか、あるいは語り手の言葉なのか、わからない。）それは、「われわれは星屑だ」（We are stardust）という一文である。

アメリカでは、人間が神の創造物だと信じている人々が多い。上記の表現は、そのような原理主義的キリスト教信者にとって受け入れがたい科学的知見を象徴している。当時は、この言葉に今日では考えられないような含意があったのではないか、という解釈も成り立つ。というのは、このコンサートが開催されるほんの１ヶ月前、アポロ11号が月に着陸し、人間が初めて月面を歩いたばかりだったからである。宇宙の成り立ちや生物の進化に興味のなかった人たち、原理主義的な教えのもとで近代科学の発展を快く思わなかった人たちにとってさえ、人類が月に降り立ったという事実は大いなる関心事として受けとめられたはずである。

しかし、人間は星屑に過ぎないと断じたあと、すぐさまミッチェルは「われわれは金」（We are golden）、すなわち人間はかけがえのない存在なのだ、というフレーズを連ねる。人間は尊

♪4-7　ミッチェル《ウッドストック》/3番

① By the time we got to Woodstock
② We were half a million strong
③ And everywhere there was song and celebration
④ And I dreamed I saw the bombers
⑤ Riding shotgun in the sky
⑥ And they were turning into butterflies
⑦ Above our nation

［♪4-6に同じ］

い。その尊さの理由は神の創造物だからではない、と念を押しているようにも解釈できる。

続いて、「われわれは、あの楽園へ戻らなければならない」(We've got to get ourselves back to the garden) という一文で、サビは結ばれる。目指している農場が garden に喩えられているが、この比喩はほかでもなく、「エデンの園」(Garden of Eden) を連想させる。人間にとってもっとも原初的な場所、アダムとイヴが過ごした楽園である。そこならば、「魂を自由に解き放」つことができるかもしれないと信じて、さらに多くの人々が従っていく。

さらに3番ヴァースについても解説を加えたい(♪4-7参照)。語り手は、神の子とともにウッドストックに到着した(①)。従う人々の数は、50万人にも膨れ上がった(②)。このセンテンスの末尾の strong という単語が添えられることにより、それとなく人々の間の連帯感が示唆されている。あたり一帯、音楽と祝宴が繰り広げられている(③)。

そして、次の一節に、ミッチェルの視覚的創造性が見事に発揮されている。「自分は夢を見た。爆撃機がショットガンを空へ向けて放ったのに、わが国土の上で、それらがつぎつぎと蝶に変わっていった」（④〜⑥）。ここには、ベトナム戦争に反対するメッセージが読み取れる。しかし、そのメッセージはあくまで幻想的な説話の中に埋め込められ、美しい夜景を眺めているかのようである。

また、最後のAbove our nationというフレーズ（⑦）が、とてもパワフルに効いていると、私は思う。実際、ミッチェルがピアノソロで歌うヴァージョンで聴くと、このフレーズがとりわけ力強く歌われている。人間は尊い存在である。それゆえ、本来、自分たちの国土の上で起こることは、自分たちが決めるべきである。今は残念ながら、多くの国民――これも英語ではnationである――の意思に反して、爆撃機が出撃し、戦争が続いている。いつかは、夢ではなく、現実として、自分たちの手に（この国土の上で起こることとの）意思決定の主導権を取り戻したい。そういう願いが込められている気がしてならない。

魂を自由に

この楽曲の最後に繰り返されるサビは、既に紹介したものに、合いの手が挿入されるように変

♪4-8　ミッチェル《ウッドストック》/サビ

We are stardust
Billion year old carbon（①）
We are golden
Caught in the devil's bargain（②）
And we've got to get ourselves
back to the garden

［♪4-6に同じ］

形されている（♪4-8参照）。新たに加えられたフレーズを斜字体にして、引用する。（なお、合いの手を発しているのが語り手であるという設定なので、この場面でもともとのサビの内容は神の子の言葉であったことが判明する。）

人間は星屑に過ぎないというセンテンスに加えて、人間は10億年前からの炭素でできている、という科学的知見が補強されている（①）。その一方で、人間は「悪魔の取引」（devil's bargain）に引っかかってしまったという、神話的な告示も付け加えられている（②）。「悪魔の取引」は、エデンの園でアダムとイヴが（神の命に逆らって）木の実を食べてしまった、いわゆる「原罪」を連想させる。人間は、本来尊い存在であるが、それにもかかわらず、現代においては欲望に駆られ、暴力と戦争に明け暮れ、歯止めのかからない経済活動に邁進している。だから、われわれは「楽園へ戻らなければならない」。すべての邪念を清算するかのように、自らの「魂を自由に解放」しなければならない。ウッドストックは、そのための神聖な場所として描かれているのである。

ポピュラー音楽史の解説などでは、ジョニ・ミッチェルは女性シンガーソングライターの「草分け」の一人として紹介されることが多い。しかし、１９６０年代初頭から活躍していたジュディ・コリンズやジョーン・バエズらと比べると、彼女の登場は10年弱ほど遅かった。そうした時代のずれも反映し、ミッチェルの作品には、明確な政治的主張で貫かれるプロテストソングのようなものは見当たらない。また、彼女自身、さまざまな場面で「政治のことはわからない」と憚ることなく公言している。たとえば、ウッドストックの翌日に収録されたテレビ番組においても、政治に関することは難しいので、自分はおもに「恋愛」や「自分が理解できること」について歌っている、と率直に述べている。ボブ・ディランに起こったといわれる「政治の歌」から「パーソナルな歌」への変節などはなく、ミッチェルははじめから「パーソナルな歌」を作り続けてきたのである。

政治から一定の距離をおいていたからこそ、ミッチェルはウッドストックの意義を捉え、その雰囲気を彷彿とさせる作品を構想できたと、私には思える。彼女は、神の子の言葉を介して、「魂を自由に解き放とう」と呼びかけた。しかし、国家社会に対して、大上段に振りかざして、そう呼びかけたのではない。個々の人に向けて、あくまでも自発的に自分の行いを省みる機会として、そう呼びかけたのである。

ミッチェルにとって、自由はあくまでパーソナルな問題として捉えられている。雲を見上げる時がそうであるように。恋愛する時がそうであるように。そして人生そのものがそうであるように。

タダという意味のフリー

ジョニ・ミッチェルに、《フォー・フリー》と題された曲がある。個人的な告白をさせていただくと、彼女の作品の中で私が一番好きな楽曲が、この《フォー・フリー》である。ただ、日本のポピュラー音楽ファンで、ミッチェルを聴いたことがある人でも、この曲を知っている人は少ないのではないだろうか。だからなおさら、本書を企画した当初から、この作品はどうしても紹介したいと思ってきた。この曲も、《ウッドストック》同様、1970年にリリースされたアルバム『レディズ・オブ・ザ・キャニオン』に収録されている。

タイトルのFor freeというフレーズは、周知の通り、「無償で」を意味する慣用句である。日本の学校では、おそらくかなり初歩的なレベルの英語の授業で習うのではないかと思われる。このフレーズを「自由のために」と訳すことはできない。Freeは名詞ではないからである。もし

「自由のために」と表現したいのであれば、「For freedom」としなければならない。

しかし、「自由」と「無償」とは、概念的に繋がっている。貸し借りがない、つまり金銭的な制約や条件から自由である、という意味においてである。日本語の表現としても、無料で配られている広告用のチラシやティシュペーパーに、「ご自由にお取りください」などと書き添えてあるのを見かける。

というわけで、ミッチェルの For free という原題をそのまま訳すと、「タダで」や「無報酬で」となる。ポピュラー楽曲のタイトルとしては、情緒や風情があるとは、なかなかいいがたい。しかし、聴き進んでいくと、この作品には、人生の上での成功や幸せとは何かという重要な問いかけがあることに気づかされる。私自身は、さらに深読みをして、ここには自由を追求することの困難が語られていると思う。自由の追求がしばしば自らを不自由に追い込んでしまうという逆説の物語、哲学的ともいえる逸話である。

ストリート・ミュージシャンが象徴するもの

順を追って、考察を進めていこう。まずこの曲は、３つのヴァースから構成されていて、サビにあたる部分はない。内容は、全体を通して、語り手があるストリート・ミュージシャンに遭遇した時の感慨を独白する、という単純なものである。どうやら、モデルとなっているのは、ミッチェル自身がニューヨークの街角で実際に出会ったミュージシャンらしい（そのミュージシャンが盲目だったという説もある）。語り手の方もミュージシャンという設定であるが、こちらはミッチェル自身がそのまま投影されていると解釈すべきであろう。

1番ヴァースは、状況描写にほぼ終始している。その全文をここで引用することはしないが、語り手はまず、自分がキャリアの上で成功を収め、裕福な生活を送っているミュージシャンであることを示唆する。たとえば、「昨晩はいいホテルに泊まった」（I slept last night in a good hotel）、「今日は宝石のショッピングに行った」（I went shopping today for jewels）などと語る。

続けて、いま（コンサートツアーで）訪れている町が、「汚い町」（dirty town）であると、露骨に表現している。その町を「風が吹き抜けていく」（wind rushed around）といい、あたかも通りにゴミが舞っているかのような状況が目に浮かぶ。このなんの取り柄もなさそうな町に、売れっ子である自分はただコンサートのために立ち寄ったところだ、と背景が説明される。

しかし、ここから思わぬ展開が始まる（♪4-9参照）。語り手が交差点を横断しようと、信号が変わるのを待っている（②）と、反対側に「彼」が立って（③）、とても良い音色でクラリネットを吹いていることに気づく。交差点が「noisy」なので（①）、おそらく、最初は気がつかな

♪4－9　ミッチェル《フォー・フリー》／1番の抜粋

① I was standing on a noisy corner
② Waiting for the walking green
③ Across the street he stood
④ And he played real good
⑤ On his clarinet for free
…

［作詞・作曲　Joni Mitchell, “For free,” 1970］

かったが、しだいにその演奏が耳に入ってきた、ということなのであろう。「彼」は、ストリート・ミュージシャンである。道ゆく人から金を取ってきかせているわけではない。なんとも心地よい音楽を、タダで（for free）演奏しているのである（④～⑤）。

続く2番ヴァース（♪4－10）では、わざわざNow me、つまり「私の場合は」と、切り出していることからもわかるように、語り手は自分とこのストリート・ミュージシャンの立場の違いを強調しようとしている（①）自分は、二人の男性に付き添われるようにして、リムジンに乗って会場へと移動し、金持ち客を相手にコンサートを開く（③～⑦）。そして、演奏が終わると、閉じられたベルベットのカーテンの向こうで、アンコールの拍手が沸きあがるのを心待ちにする（②）。

それに対して、このストリート・ミュージシャンは、ランチ屋台の横に立っている（⑨）。たった一人のバンドである（⑧）。それでも、なんともいい心地がする音楽を奏でている。タダで（⑩）。

♪ 4-10　ミッチェル《フォー・フリー》/ 2番

① Now me I play for fortunes
② And those velvet curtain calls
③ I've got a black limousine
④ And two gentlemen
⑤ Escorting me to the halls
⑥ And I play if you have the money
⑦ Or if you're a friend to me
⑧ But the one man band
⑨ By the quick lunch stand
⑩ He was playing real good for free

［♪ 4 − 9 に同じ］

キャリア上、成功しているのが語り手であることは、明らかである。しかし、語り手はこのストリート・ミュージシャンを見下すどころか、むしろ羨望の視線を送っているように描かれている。語り手の独白は、自身に向けて厳しく疑問を突きつけているようでさえある。金持ちや内輪の友人だけを相手にし、いつも付き人たちに囲まれていることが、本当に成功といえるのか、と。決まりごとのようにカーテンコールをもらおうとすることが、本当に幸せな人生といえるのか、と。

語り手がミッチェル本人の分身かもしれないことを意識すると、この語り手（ミッチェル）は、自分も「駆け出し」であった時期のことを思い出しているのかもしれない、という想像が膨らむ。しかし、ただ昔を懐かしんでいるだけではなさそうである。

若い時に多重の苦労に見舞われた語り手（ミッチェ

ル）にしてみれば、金銭的に余裕のある現在の生活は、かつての夢ないし目標が実現したことを意味する。しかし、そのような生活を手に入れたことによって、逆に何か失ったものがあることに気づく。このストリート・ミュージシャンは、まさに失ったものの象徴である。「彼」は、誰彼に気兼ねすることもなく、タダで（for free）、同時に自由に（freely）、自分の音楽を演奏している。振り返って、自分はといえば、何でも自由に手に入る生活を手に入れたかにみえて、実際にはさまざまな不自由に制約されている。

自由な時空間をそのままに

最後の3番ヴァースと、そのエンディングは実に感動的である。このストリート・ミュージシャンは、テレビに出たこともなく、また名前も知られておらず、それゆえ誰も気にかけず、「彼の音楽の前をただ通り過ぎていく」（they passed his music by）。しかし、語り手は、彼の奏でる音楽が「とても甘く、気高い」（so sweet and high）と、気になって仕方がない。

そのあとで、語り手がこのストリート・ミュージシャンにアプローチするかどうかを逡巡した様子が描かれる。正確にいうと、語り手はI meant to go over and ask for a song; maybe put on a harmonyと述べる。リクエストしようかな、よかったら一緒にハーモニーでも奏でようかな、という意味である。ただ、この meant という過去形の動詞の表現により、「したかった」のだけれども「実際にはしなかった」ことが示唆されている。

なぜ、語り手は、このストリート・ミュージシャンに声をかけ、即興セッションを持ちかけなかったのだろうか。この問いについては、いくつもの解釈が可能である。たとえば、語り手は、すでにほかの予定があることを思い出して立ち去っただけなのかもしれない。あるいは語り手は、二人の立場や経歴上の格差からして、自分からセッションを申し出るのは不釣り合いだと考えたのかもしれない。

しかし、私には、語り手が思いとどまった理由は、ストリート・ミュージシャンの「自由」を尊重したから、と思える。つまり、彼が思うがまま音楽を演奏する時空間を侵害したくなかったのである。そうした時空間が保たれることが、このミュージシャンにとっていかに貴重かを、思い知っているからである。

即興セッションが実現しなかったこと、つまりこのストリート・ミュージシャンの自由な時空間がそのままの形で残ったことが、最後に美しい余韻として表現されている。第1から第2ヴァースまで、この楽曲はミッチェルのピアノ伴奏だけで淡々と進行する。しかし、最後の3番ヴァースから弦楽器が穏やかに伴奏に加わる。ミッチェルは最後に for free というフレーズを歌うのだが、それを長く引き伸ばすようにして歌い、その間にクラリネットのメロディが参入してくる。主旋律と関係のない、まったく独自のインプロビゼーションである。一瞬ピアノと絡むかと思わせながら、ピアノ（と弦楽器）はそのままフェードアウトする。そして、クラリネットの奏でる音だけが、まさに一人バンドのように響きを残して、終わるのである。

自由を手に入れたと思った途端に、何がしかの不自由を引き受けなければならなくなる。こうした逆説は、しばしば私たちの人生の上に立ち現れる。たとえば、ある人は、理想と思い描いていた家を購入した途端に、ずっとそこに住み続けることになるのかと気づいて愕然とする。またある人は、好きなパートナーと結婚した途端に、その人を一生好きと思い続けられるか不安になる。

やや理屈っぽいが、そもそも自由とは「(何らかの）不自由を選択できる自由」を意味する。契約の自由、婚姻の自由、職業選択の自由、信教の自由、思想の自由…。どれをとっても、特定の何かに自分をコミットさせること（の自由）、つまり自身を不自由な境遇へと追い込むこと（の自由）を意味している。

道ゆく人々の反応を気にとめることもなく、無報酬で、好き勝手にクラリネットを吹くストリート・ミュージシャンの姿には、不自由に刈り取られる前の、とでもいうべき、純粋で、ある意味でナイーブな、自由の概念が写し出されている。

ジョニ・ミッチェルは、それを愛おしく見つめているようである。

(1) Andrew Hickey, "A History of Rock Music in 500 Songs, Episode 130: 'Like a Rolling Stone' by Bob Dylan" (https://500songs.com/podcast/episode-130-like-a-rolling-stone-by-bob-dylan/) 参照。

(2) ピーター・ポール&マリーは、ディランのアルバム『フリーホイーリン』が発売される前に、この曲をすでにシングルリリースして、大ヒットさせていた。なお、《風に吹かれて》をはじめ、この頃ディランの作品が他のミュージシャンたちに数多く提供されていたのは、マネージャー(アルバート・グロスマン)がディランを積極的に売り込もうとしたからだといわれている。こうした経緯については、Andrew Hickey, "A History of Rock Music in 500 Songs, Episode 109: 'Blowin' in the Wind' by Peter, Paul, and Mary" (https://500songs.com/podcast/episode-109-blowin-in-the-wind-by-peter-paul-and-mary-2/) を参照されたい。

(3) 第1章でも紹介した通り、《マイ・カントリー・ティズ・オブ・ディー》は、20世紀の初頭までは非公式の国歌として歌われていたが、そのメロディは、ほかでもない"God Save the King/Queen"である。独立戦争を戦った相手国イギリスの国歌のメロディに、自由を勝ち取ったことを讃える歌詞をのせて歌うことは、大いなる皮肉であったと解釈することもできる。

（４）この解釈を展開している論文は、Graley Herren（2019）, "The Twilight's Last Gleaming: Dialogues and Debts in Bob Dylan's 'Chimes of Freedom'," *Popular Music and Society*, 42: 5, 611–623である。なお、ディランが問題発言をした人権団体とはNational Emergency Civil Liberties Committeeで、当時はEmergency Civil Liberties Committee（ECLC）と呼ばれていた。この論文に紹介されているが、当時のＥＣＬＣ会長の功績を讃えるウェブサイトには、受賞式でのディランの発言全文、批判への応答として書かれた会長自身の弁明、そしてディランから送られた手紙が記録として残されている。

（５）たとえば、カナダの代表的な放送局ＣＢＣとのインタビュー（２０１３年６月11日）で、自分は「第一義的には画家」（I am a painter first）で、絵を描く原則を音楽に当てはめるのだ、と発言している。また、アメリカ議会図書館がポピュラー音楽で世界の文化に大きな影響を与えた作曲家・演奏家に贈る「ガーシュイン賞」受賞のインタビュー（２０２３年）でも、「私はすべての生涯を通じて画家で、そのほとんどでミュージシャンであった」（I have been a painter all my life. I have been a musician most of my life）と述べている。

（６）David Yaffe, *Reckless Daughter: A Portrait of Joni Mitchell*（HarperCollins, 2017）, pp.46–47（邦訳（丸山京子訳）『じゃじゃ馬娘、ジョニ・ミッチェル伝』亜紀書房２０２４年、65－66頁）。

（７）ミッチェルはその端正な容姿で多くの男性ミュージシャンを虜にした。これらのロマンスは、彼女自身や相手方のインタビューなどで明らかにされている。クロスビーとの関係は短期の「夏の出来事」だったらしいが、彼女はのちにグラハム・ナッシュとより真剣な交際をしている。一世を風靡したバンドであるクロスビー、スティルス、ナッシュ（のちクロスビー、スティルス、ナッシュ＆ヤング）のうちの二人と交際していたことになる。

（8）結局、この番組には、ウッドストックに参加していたジェファーソンエアプレインのメンバーやデヴィッド・クロスビー、スティーヴン・スティルスらも間に合って出演している。

第5章　自由を歌い継ぐストリート・ミュージシャンたち

本章では、北米のポピュラー音楽の中で自由という概念がどのように歌われてきたかを、現役のストリート・ミュージシャンたちに対して行った聞き取り調査の結果を題材にしながら、考察していきたい。

この調査は、カナダ西海岸のバンクーバー(2018年8月)とアメリカ東海岸のニューヨーク(2019年9月)で、実施した。この2つの都市を選んだのは、私自身に「土地勘」があり、どこに行けばストリート・ミュージシャンたちに会えるか、あらかじめ見当をつけることができたからである。この二地点では、あわせて9人のミュージシャンにインタビューすることができた。当初は、この二都市のほかにも調査出張を計画していたのであるが、コロナ感染の世界的な拡大により断念せざるを得なくなった[1]。

聞き取り調査は、質問の形式や内容を統一するため、用意したアンケート用紙に回答を記入してもらう方法で行った。その後、時間が許す限り、雑談という形でインタビューにも応じてもらい、さらにいくつかの質問をさせていただいた。なお、この種の学術調査の慣行に則って、回答してくれた方々には謝礼を支払い、回答内容を研究成果として公表する場合は個人(のアイデンティティ)が特定されないことを条件とした。

プロフィールから

はじめに、聞き取りに応じてくれた９人のミュージシャンのプロフィールを表５-１にまとめてみた。本名は公開できないので、それぞれ仮名を付してある。好きな音楽のジャンルを答える質問に対し、10）Other（その他）を選んだ場合は、本人が記入した通りの（英語の）回答をそのまま示した。また、参考のため、こちらで用意した選択肢の英語表記も上段に示してある。

こうした背景情報から、何か読みとれることはあるだろうか。

まずこの表を見て、北米のストリート・ミュージシャンには中高年の方が意外に多い、ということが見てとれるであろう。この点は、この調査をしてみて、私自身もあらためて気づかされた事実である。このリストによれば、３人が60歳以上の現役である。逆に、私のインタビューした方々の中には、20代以下の方が一人も含まれていない。

また、表には書かれてないが、職業をたずねた質問に対して、圧倒的多くが「ミュージシャン」と回答していたものの、中には音楽関係以外の仕事名を記入した方もいた。そうした場合、そちらの仕事の方が「本職」であって、ミュージシャンとしての活動はむしろ副業で、時間に余裕のある時に行っているのだろうと、私は理解した。北米では、ストリート・ミュージシャンとしての活動だけで生計を立てることは、むずかしい。にもかかわらず、50～60歳代の中高年の

表5－1　ミュージシャンたちのプロフィール

仮名	性別	年齢	音楽試聴時間（1日平均）	好きな音楽のジャンル（最大三つまで選択可）：1）rock and roll; 2）country and western, bluegrass; 3）rhythm and blues, soul; 4）ambient, new age; 5）rap, hip hop; 6）jazz; 7）classical, opera; 8）avant-garde, electronic; 9）gospel, spirituals; 10）other
デイヴィッド	男	64	3～5時間	1）ロック　6）ジャズ　7）クラッシック/オペラ
マイク	男	32	3時間	1）ロック　3）R&B/ソウル　10）“Metal”
ペギー	女	65	2時間	1）ロック　2）カントリー　10）“Folk”
グレッグ	男	36	1.5時間	1）ロック　10）“Folk”
メーガン	女	35	1～2時間	10）“Folk”
スチュアート	男	60	8時間以上	1）ロック　7）クラッシック/オペラ
リチャード	男	46	1時間	2）カントリー　6）ジャズ　7）クラッシック/オペラ
ジョン	男	53	3時間	1）ロック　10）“World Music, World Folk”
マリー	女	34	1時間未満	3）R&B/ソウル　5）ラップ/ヒップホップ　10）“Pop/Acoustic”

方々も現役として路上に立っている。それは他の収入があるからに違いないと考えられる。

もちろん、この「回答者サンプルの偏り」は、私のインタビュー対象の選び方に左右されている。実際、人通りがあまりに少なく安全でないと感じた時、あるいは逆に人通りがあまりに多くじっくり話をすることとできないと感じた時、また2人以上のグループで演奏している時など、私自身が聞き取りに適さないと判断し、そもそもアプローチを試みなかった場合も多くあった。そうした取捨選択の結果として、たまたま中高年のミュージシャンたちが多くサンプルとして残ったのかもしれない。しかし、この点を認めた上でも、北米のストリート・ミュージシャンが20代や30代の人々ばかりで占められているわけではない、という私の全般的な印象は間違っていないと思う。

いうまでもなく、年齢が高ければ高いほど、古い時代の楽曲をリアルタイムで（流行した時点で）聴いていた可能性が高い。とくに、ティーン・エイジャーから大人へと成長する多感な時期に流行していた楽曲は、年齢を重ねたあとでも、それぞれの嗜好や音楽性に大きなインパクトを残していると考えられる。

ということは、中高年のミュージシャンたちが現役で活動していること自体、ポピュラー音楽が継続的に伝承されていくことに貢献し、かつてのヒット曲が名曲として歌い継がれていく、ひとつの背景となっている、といえるかもしれない。

スチュアート（仮名）の場合

とくに自由を歌った楽曲についても、そのようなことが当てはまるだろうか。具体例として、60歳のスチュアートの回答をすこし詳しく見てみよう。

私があらかじめ用意したアンケート用紙では、冒頭で「Q1：free あるいは freedom という言葉が歌詞に含まれるポピュラー楽曲を5つ（まで）あげてください」とたずねた。[2] そして、そのすぐ後で、「Q2：今あげていただいた楽曲の中で、free あるいは freedom という言葉が含まれる、最も記憶に残っているフレーズを教えてください」とたずねた。[3] 表5-2は、この2つの質問に対するスチュアートの回答を整理したものである。ただし、楽曲の発表年の情報は、私が調べて記入した。

ご覧の通り、スチュアートが選んだ5曲のうち、4曲までが1970年までに発表された楽曲であった。リッチー・ヘヴンスの《フリーダム》は第3章で、またボブ・ディランの《風に吹かれて》は第4章で、すでに詳しく解説した通り、どちらも自由を歌った名曲である。アレサ・フランクリンの《シンク》についても、第3章ですこし紹介した。この5曲の中では、ニール・ヤ

表5-2　スチュアート（仮名）の回答

・最も記憶に残っているフレーズ：
"Find the cost of freedom, buried in the ground"

曲のタイトル（年）　Find the cost of freedom（1970）
アーティスト　クロスビー、スティルス、ナッシュ＆ヤング
（Crosby, Stills, Nash & Young）

・そのほかに印象深い曲とアーティスト
i ）Rocking in the free world（1989）ニール・ヤング（Neil Young）
ii ）Freedom（1969）　リッチー・ヘヴンス（Richie Havens）
iii ）Think（1968）　アレサ・フランクリン（Aretha Franklin）
iv ）Blowing in the wind（1963）　ボブ・ディラン（Bob Dylan）

ングの《ロッキン・イン・ザ・フリー・ワールド》――これも第3章で詳しく解説した――だけが、後年（1980年代）の楽曲である。しかし、周知の通り、ヤングはかつてクロスビー、スティルス、ナッシュ＆ヤングのメンバーであった。そして、スチュアートはこのバンドの《ファインド・ザ・コスト・オブ・フリーダム》を、最も記憶に残るフレーズが含まれた曲として選出している。

こう見てくると、スチュアートが自由という言葉に関連して思い浮かべる楽曲としては、1960年代、つまり彼が少年期だった頃に親しんだ楽曲が多数を占めており、その頃から活躍しているアーティストたちに大きく影響されていることがうかがえる。

スチュアートへのインタビューはバンクーバーで

行われ、アンケート記入後もしばらく雑談に応じてくれた。その中で、彼は自分が香港で育ち、大人になってからカナダへ移住してきたと、私に教えてくれた。彼が多感なティーン・エイジャーだった時代の香港は、まだイギリスから中国へ返還される（１９９７年）前だったことになる。返還後の香港がしだいに言論の自由や思想の自由を失っていったことを、どのように考えているのか。あるいは、香港に残してきた（であろう）親戚や友人たちのことを、どのように思っているのか。そうしたパーソナルなことをたずねることはしなかった。ただ、自由という言葉が入ったポピュラー楽曲として、彼が60年代の楽曲を多く選んだのは、腑に落ちるところがあり、私はそのことをとても感慨深く受け止めたことを覚えている。

若い世代にも歌い継がれる

かつてヒットした楽曲が時代を超えて継承されていくためには、年配のミュージシャンが歌い続けることも重要であるが、より大きな試金石は、リアルタイムで聴いたことのない若い世代のミュージシャンたちが、そうした楽曲に親しんでいるかどうか、であろう。

この点を確認するために、上記９人の中でもっとも若いマイクと次に若いマリーの回答結果を見てみよう。バンクーバーでインタビューした32歳のマイクは１９８６年生まれ、ニューヨークでインタビューした34歳のマリーは１９８５年生まれ、と推定される。好きな音楽ジャンルをたずねた質問に対して、マイクが「メタル」と追記し、マリーが９人の中で唯一「ラップ／ヒップポップ」のカテゴリーを選んでいるのも、彼らの世代の音楽的嗜好の特徴をよく表しているように思う。

さて、マイクとマリーの回答では、free もしくは freedom という言葉が含まれるポピュラー楽曲が、あわせて4曲提示された。そのうち、３曲が１９８０年代にヒットした楽曲であった。なお、これら3曲は、どれも第３章で解説・紹介した楽曲である。

マイクが最も記憶に残るフレーズが含まれているとしてあげたヤングの《ロッキン・イン・ザ・フリー・ワールド》は、先ほどの計算が正しければ、彼が3歳の時にリリースされた曲ということになる。彼が選んだもうひとつのクイーンの《アイ・ウォント・ブレーク・フリー》にいたっては、１９８４年に発表されたので、当時彼はまだ生まれてさえいない。つまり、どちらについても、流行した時点で聴いたのではなく、その後歌い継がれる中で、歌詞を覚え親しむようになったのだ、と考えられる。

最も記憶に残るフレーズが含まれる楽曲として、マリーが選んだモニカ（Monica）の《エンジェル・オブ・マイン》は、１９９９年にヒットした曲である。したがって、この曲については、彼女が成長する過程でリアルタイムで聴いて印象に残ったのだろうと推察される。しかし、もうひとつ彼女があげたトム・ペティの《フリー・フォーリン》は、彼女が4歳の時にリリースされた曲である。まさに、長く歌い継がれていなければ、彼女のような若い世代のミュージシャンに強いインパクトを与えることはなかった、ということになる。

もちろん、名曲であればあるほど、オリジナルに加えて、他のアーティストが後年になってカバーする確率も増える。マイクやマリーがそうした新しいヴァージョンの方をリアルタイムで聴いて、興味を持つようになったという可能性もなくはない。

しかし、私の推測だが、少なくともこの3曲に限っていえば、その可能性は考えなくてよい。なぜなら、ヤング、クイーン、ペティの楽曲は、歌詞に込められたメッセージ、演奏や歌唱力、さらにミュージックビデオの独自性などの点で、どれも圧倒的に強烈な印象を残すものだからである。たとえ「入り口」として、他の誰かによるカバーを聴いて興味を抱くようになったとしても、オリジナルを耳にしたことがないことはありえない、と思う。

以上をふまえると、年配のミュージシャンらが大切に歌い続けてきた自由についての楽曲は、きっちりと若い世代へと継承されているようである。マイクやマリーの世代のミュージシャンたちが、まだ物心がつく前に時に流行していた楽曲を歌い継ぐと、そのことによって、今度は彼ら

表５－３　マイク（仮名）の回答

・最も記憶に残っているフレーズ： *"Keep on rockin' in the free world"* 曲のタイトル（年）　Rocking in the free world（1989） アーティスト　ニール・ヤング（Neil Young） ・そのほかに印象深い曲とアーティスト I want to break free（1984）　クイーン（Queen）

表５－４　マリー（仮名）の回答

・最も記憶に残っているフレーズ： *"Now I know why they say the best things are free"* 曲のタイトル（年）　Angel of Mine（1999） アーティスト　モニカ（Monica） ・そのほかに印象深い曲とアーティスト Free fallin'（1989）　トム・ペティ（Tom Petty）

よりさらに若い世代のミュージシャンたちに、これらの楽曲が伝えられていくことになる。こうして、時代を超えた名曲としての評価が確立されていくのであろう。音楽の配信や再生を含め、情報のデジタル化が進んだ現代においては、さらに容易に世代間の継承が行われる環境が整ってきた、といえるかもしれない。

自由の意味

本書では、北米のポピュラー音楽の中に登場する自由という言葉にさまざまな意味が込められて用いられてきたことを、繰り返し強調してきた。この点に関連して、私がストリート・ミュージシャンたちに対して行った聞き取り調査の中でたずねた重要な項目は、free ないし freedom という言葉が含まれ、最も記憶に残っている楽曲について、その free/freedom という言葉が何を意味している(と考える)か、という第3番目の質問であった。

質問と選択肢のワーディングは、日本語に訳すと以下となる。[4]

Q3　一般に、free あるいは freedom という言葉は、文脈によってさまざまに異なることを意味します。上で[Q2で]あなたが選んだフレーズは、次のカテゴリーのうちどれともっとも関係が深いと思いますか(関係があると思うものをいくつでも選んでください)。

(1)パーソナルな関係(恋愛、結婚、家族、友人など)の文脈における自由
(2)政治的あるいは社会的現象(人種・民族・ジェンダー関係、徴兵や戦争に関することがら、言論の自由などを含む)の文脈における自由
(3)金銭、仕事、雇用に関連する自由
(4)宗教や宗教的信念、またはスピリチュアルなことと関連する自由
(5)民主主義の根本的な価値としての自由

（6）その他（簡潔に説明してください）

表5-5では、この質問項目に対する9人のミュージシャンたちの回答を整理して示した。この表をみると、9人中7人という圧倒的多数が2番目のカテゴリーに○をつけている。北米では、多くのミュージシャンたちにとって、ポピュラー音楽の歌詞の中に登場する自由という言葉は、政治社会的な自由と関連づけられていることが推察される。

しかし、同時に、この表の回答分布からは、本書で強調してきた、北米における自由概念の多様性も反映されている。（1）パーソナルな関係の中での自由、（4）宗教的・スピリチュアルな意味での自由、（5）民主主義の根本的な価値としての自由という項目も、それぞれ3人ずつが選んでいるからである。

9人の中では、マリーだけが、あらかじめ用意したカテゴリーのどれにも○をつけず、「その他」を選んで、自分の言葉で自由が意味するところを追記した。その回答は、「値段をつけることができないほど貴重であること」「金で買えないこと」、また「独立していること」と、やや抽象的であった。そこで、アンケート記入後、その点をすこし詳しくたずねてみた。

マリーは、今では路上で演奏することは少なく、むしろ作曲やプロデュースを手がけることが

表５－５　自由の多様性

	もっとも記憶に残っているフレーズの free もしくは freedom の意味（複数回答可）					
仮名	パーソナル	政治社会	金／仕事／雇用	宗教／スピリチュアル	民主主義の価値	その他
デイヴィッド	○	○				
マイク	○	○		○	○	
ペギー		○		○	○	
グレッグ			○			
メーガン	○	○		○	○	
スチュアート		○				
リチャード		○				
ジョン		○				
マリー						Priceless value; (as in) priceless, independent, money can't buy

多くなったと、あらためて自己紹介した。そうした仕事を通じて、さまざまなミュージシャンと出会ってきたそうである。彼女との雑談の中で、非常に印象に残っているのは、少なくとも最近のニューヨークでは、とくに女性ミュージシャンが「強い自己」、あるいは単に「強さ」を表現することが多い、ということであった。そのような背景から、モニカの《エンジェル・オブ・マイン》の中に登場する自由という言葉が「独立していること」を意味していると彼女が認識し、回答したのだろうと理解した。

実際、私は、ニューヨークでの滞在中、公園や地下鉄の駅などで、さまざまな年齢、さまざまな人種や民族のミュージシャンたちの、個性の強いパフォーマンスを観察させてもらった。その中には、見慣れない楽器を演奏し、英語以外の言語で歌っている人たちも多くいた。そこで、マリーへのインタビューでは、もうひとつ、私がストリート・ミュージシャンにずっとたずねたいと思っていたが躊躇してなかなかたずねることのできなかった、失礼な質問もぶつけてみた。なぜ彼ら（あなたたち）は、多数の見知らぬ人たちが通る場所で演奏するのか、と。それは単なる自己満足なのか、と。

すると、マリーは、もちろん自己満足もあるが、「エクスポージャー（exposure）」、つまり「発見されること」を求めているのである、ときっぱりと答えた。「ニューヨークだから、ということもあるかもしれないが」と前置きした上で、ニューヨークでは「誰が見ているかわからない」し、「いつそうした『発見』を通して、自分の音楽がブレークするかわからない」。だから、彼らは、自分が良いと思う音楽を、自分の思ったままに演奏し歌っているのである、と。

自由に表現する。それが、音楽が――というよりすべての芸術的活動が――創造的であるためのエネルギーの源泉である。私は、マリーをはじめとする若い世代のミュージシャンたちが、（インター）ネット上ではなく、いまどきも路上において、そうした表現を追求し続けていることを素晴らしいと思った。路上では、あからさまな無視、あるいはあからさまな侮蔑や嫌悪の視線が、ミュージシャンたちに浴びせられる。それらに動ぜず、跳ね返すだけのパワーが、日々養われている。

自由のアイコン――ボブ・ディラン

ごく少数の回答者サンプルに基づく調査から、一般的な解釈や結論を導き出すことができないことは、いうまでもない。しかし、せっかく聞き取りを実施したので、この9人のストリート・ミュージシャンたちがfreeもしくはfreedomを歌うアーティストとして、誰をもっとも多く思い浮かべたかというランキングを作ってみることにした。すると、他を大きく引き離して、一人のアーティストが浮かび上がった。

ボブ・ディランである。

９人のうち、ディランと彼の楽曲のタイトルをあげたのは、ペギー、グレッグ、スチュアート、リチャード、ジョンの５人であった。具体的には、以下の通りである。

ペギー　風に吹かれて
グレッグ　風に吹かれて
　ワゴン・ウィール（オールド・クロウ・メディスン・ショーとの共作）
スチュアート　風に吹かれて
リチャード　ライク・ア・ローリング・ストーン
　タングルド・アップ・イン・ブルー
ジョン　チャイムズ・オブ・フリーダム

ちなみに、「次点」は３人があげたリッチー・ヘヴンスであった。

この集計については、細かなことだが、２点ほど注記しておかなければならない。第１は、リチャードのあげた2つの歌、《ライク・ア・ローリング・ストーン》と《タングルド・アップ・イン・ブルー》は、ともにディランの有名な作品であるが、私の知る限り、そのどちらの歌詞にもfree/freedomという言葉は登場しない。私の知る限り、と断ったのは、ディランは数知れないライブ・コンサートを開き、アドリブで歌詞を変えたりすることがあり、リチャードが聴いたヴァージョンにfree/freedomという言葉が登場した可能性は否定できないからである。ただ、私は、リチャードは単に勘違いをしたのではないか、と思う。つまり、この2つの曲の歌詞の内容が自由の意義や大切さを歌っていると解釈したがゆえに、free/freedomという言葉が当然含まれると思い込んでいたのではないか、ということである。

第2は、上記の通り、ジョンもディランの名前をあげているが、彼がアンケートの回答用紙に書きこんだ曲のタイトルは、Chimes of freedomではなく、Freedom bellsであった。しかし、私自身が、これは(第4章で紹介した)《チャイムズ・オブ・フリーダム》を指しているのだろうと判断した。

興味深いのは、リチャードの勘違いにせよ、ジョンの覚え違いにせよ、どちらもディランの作品、とくにその歌詞の内容に親しんでいるからこそ生じたとも考えられる、という点である。北米の現役のミュージシャンたちにとって、freeあるいはfreedomという言葉から真っ先に連想するアーティストとして、ディランが大きな存在であることは疑いない、と私は思う。この意味では、9人のうち5人までが彼の名前をあげたことを、重く受けとめるべきであろう。

参考までに、アンケート調査の第4番目の質問は、「Q4：loveという言葉が歌詞に含まれるポピュラー楽曲を5つ（まで）あげてください」という質問であった。[5] そして、この問いに対しては、9人のうち7人までが、ビートルズの名前をあげた。次点は3人が選んだエルヴィス・プレスリーで、ディランの名前を書いたのは1人にとどまった。なお、自由を歌った歌詞で思い浮かぶアーティストとして、ビートルズと回答した者はいない。

繰り返すが、わずか9人ほどの調査から一般論を引くことには、慎重でなければならない。仮に、100人、1000人と、もっと多数のストリート・ミュージシャンたちにインタビューしていれば、回答の分布はまったく異なっていた可能性はある。とはいえ、恋愛という言葉で思い出されるビートルズと、自由という言葉で思い出されるディランとの、際立った対照性が、今回の調査だけから偶然浮かび上がった結果であるとはどうしても思えない。

ディランは、周知の通り、2016年にノーベル文学賞を受賞した。ポピュラー音楽の歌詞に、文学的価値があると認められたのは、初めてであった。ところが、ディランは、あくまでディラン流を貫き、「先約があるため」との理由で授章式には参列しなかった。それればかりか、受賞の唯一の条件として求められていた受賞講演を、収録した音声テープを送付して行った。
この講演は、ノーベル財団のホームページ上で公開されている。[6] それを聴くと、彼は次のように言っている（以下、筆者訳による）。

歌は文学と違う。歌は、歌われるべきものであり、読まれるものではない。シェークスピアの戯曲の言葉は、舞台の上で演じるためのものである。それと同様に、歌の歌詞は歌うためのものであり、ページの上で読むものではない。

言葉を表現することとは、狭い意味の「文学」なるもの、すなわち本の中で読まれる小説や詩に限定されない。言葉は、シェークスピアの作品のように劇の中で発せられたり、ホメロスのような吟遊詩人が語る中で発せられたり、あるいはミュージシャンたちが路上やコンサート会場で歌う中で発せられたりする。
言葉の自由を、ディランは楽しみ、称賛している。

（1）そこで、被調査対象数（サンプル数）を増やすべく、友人を介して紹介していただいた在米の音楽関係者たちにもオンラインで聞き取りを行った。しかし、調査方法が同じでないことから、以下の考察を進める上では、こうした追加的な調査から得られた結果は含めないこととした。

（2）質問項目の正確なワーディングは、次の通り。Q1: Can you think of popular songs, composed any time after 1959, in which the words "free" and/or "freedom" appear in the lyrics? If you do not remember an exact title, please give us other pieces of information（such as the name of artist or parts of lyrics）which might help us identify them. Please list up to five of these songs.（By "popular songs" we mean to include pop, rock, folk, blues, soul, and country, but not jazz, classical, or songs from musical theatre.）

（3）質問項目の正確なワーディングは、次の通り。Q2: Of those songs you listed above, please pick one song which has the most memorable phrase with the words "free" or "freedom." Can you tell us which song it is, and can you recall the precise lyrical phrase?

（4）英語の正確なワーディングは以下の通り。Q3: In general, the words "free" and "freedom" can mean various different things, depending on context. Which of the following categories do you think the phrase you picked above is most significantly related to?（Please pick as many as you think relevant.）1) freedom in the context of personal relations（romantic or marital, familial, friendship, etc.); 2) freedom in the context of political and social phenomena（including racial, ethnic, and gender relations, conscription and other war-related events, freedom of speech, etc.); 3) freedom related to money, or jobs and employment; 4) freedom related to religious, religious convictions, and/or spirituality; 5) freedom as a fundamental democratic value; 6) Other (please explain briefly).

(5) 質問項目の正確なワーディングは、次の通り。Q4: Can you, then, think of popular songs, composed any time after 1959, in which the word "love" appears in the lyrics? Please list up to five of these songs.

(6) https://www.nobelprize.org/prizes/literature/2016/dylan/lecture/

第6章　自由を歌う、自由に歌う

最後にもう一度、アメリカの国歌に話を戻して、本書を締めくくりたい。

冒頭（第1章）で、国歌《スター＝スパングルド・バナー》は、アメリカが自由の国であることを誇り高く宣言し、自由がいかに大切かというメッセージを伝えている、と紹介した。そして、誰もが知っているだけでなく、スポーツイベントをはじめとするさまざまな場面で「人気も実力もある歌手たちがそれぞれに趣向を凝らして歌う」ので、アメリカにおいてはポピュラーソングの原点に位置付けられるかもしれない、とさえ述べた。

しかし、私はやや結論を急ぎすぎたようである。そうした評価が本当に確立されるためには、この国歌にまつわる経緯を、もうすこし丁寧に検討しなければならない。

国歌を冒涜？

ホセ・フェリシアーノという歌手がいる。プエルトリコ出身で、盲目ながらギターの名手として知られる。１９７０年、スペイン語のクリスマスソング《フェリス・ナヴィダ》を世界的に大ヒットさせたので、名前を知っているという人も多いかもしれない。

しかし、そのわずか2年前、正確にいうと68年12月7日、彼がある大事件を引き起こしていたことを知る人は少ないだろう。

舞台は、大リーグのワールドシリーズ、デトロイト・タイガース vs. セントルイス・カーディナルスの第5戦。フェリシアーノは、試合前の国歌斉唱のために招待されていた。選手が整列し、観客が起立し、ブラスバンドが待機している。そんな中、彼は自ら持参したギターの伴奏だけで、《スター＝スパングルド・バナー》を歌い始めた。それは、フォークソングのようにアレンジされ、人々がふだん聞き慣れた国歌とは似ても似つかないものであった。現在残っているその時の映像を見ると、当惑し、あきれているかのようなバンドメンバーの表情を確認できる。テレビカメラはふつう演奏者にフォーカスするのに、画面は国旗や球場ばかりを映し出している。歌い終えて退場するまでのあいだ、フェリシアーノには観客から罵声が浴びせられたと言われている。

この事件は、翌朝のニュースでも報じられ、バッシングはまたたく間に広がった。国歌（および国旗）を冒涜するのか、愛国心はないのか、と。実は、公的な場で、アレンジを大幅に変えて国歌を披露したのは、フェリシアーノが初めてではない。たとえば、この事件の4ヶ月前にも、シカゴで開かれた民主党大会においてアレサ・フランクリンがソウル調のパフォーマンスをして物議を醸したことがあった。[1] しかし、それらの先例と違っていたのは、フェリシアーノの場合、演奏が全国ネットワークテレビでライブ中継されたことであった。その後、ほぼ2年にわたり、フェリシアーノは音楽業界から徹底的に干され、彼の楽曲はラジオから一切消えた。

フェリシアーノがプエルトリコ、すなわちアメリカの「自治領」(Commonwealth) 出身であることから、政治的な「抗議」の意味が込められていたのではないか、という疑いもかけられた。彼自身は「国歌を冒涜する気など毛頭なかった。ただ自分の愛国心を感じたままに歌っただけだ」という趣旨のコメントを残した。

政治的抗議

翌年(1969年)、より明確に「抗議」の意図を込めて《スター＝スパングルド・バナー》を演奏したのは、天才ギタリストとして名高いジミ・ヘンドリックスであった。3日間にわたって開催されたウッドストック・フェスティバルの最終日、すでに夜が明けていたので実際には4日目の月曜日の朝、いわゆる「トリ」(最終演者)として、彼はステージに上がった。歌詞の「アンド・ザ・ロケッツ・レッド・グレア、ザ・ボムズ・バースティング・イン・エア」の部分に差し掛かると、彼のエレクトリックギターは本来の旋律を大幅に逸脱し、まさに「炸裂」して響き渡った。それは、当時ベトナム戦争において間断なく降り注がれていた、アメリカ軍による空爆を想起させた。

ヘンドリックスは、自分のコンサートでも、同じように演奏していたそうである。しかし、ウッドストックでのパフォーマンスは、多数の観客を前にして行われ、のちに記録映画も作られたこともあって、桁違いの注目を浴びることになった。メディアが「安っぽいセンセーショナリズム」などと酷評すると、ヘンドリックスは意固地になったかのように、自分の演奏は「亜流ではない」(not unorthodox)、「美しかっただろう」と強弁した。そして、次の年に急逝するまで、《スター＝スパングルド・バナー》をコンサートで演奏し続け、『レインボー・ブリッジ』というアルバムにも収められた[2]。

なお、この頃から、一部のアスリートたちが試合前や表彰の国旗掲揚に際して抗議の姿勢をとることが目立ち始めた。彼らは、国旗にあからさまに背を向けたり、拳を高く突き上げたり、ヘルメットを取らなかったり、あるいは起立するのでなく片膝を立てる姿勢をとったりした。そうした行動の中には、(ベトナム)反戦のみならず、より深い根を持った政治的抗議も含まれていた。

実は、アメリカ人でさえ知らない人が多いのだが、《スター＝スパングルド・バナー》は、4番ヴァースまである。問題は3番ヴァースの歌詞で、そこに黒人に対する差別が含意されていると解釈されている(♪6-1参照)。

♪6-1　アメリカ国歌の歌詞／3番の抜粋

…
No refuge could save the hireling and slave
From the terror of flight or the gloom of the grave,
And the star-spangled banner in triumph doth wave
O'er the land of the free and the home of the brave.

出所：National Museum of American History

下線部は、米英戦争においてイギリスに雇われた「傭兵」(hireling)と、アメリカと戦えば解放してやるとの約束のもとイギリス側に参戦した（アメリカの）「奴隷」(slave)、すなわち黒人に言及している。このセンテンスは、勇敢なアメリカ軍の前では彼らには逃げ場がない、と歌っている。裏返せば、この3番ヴァースは、アメリカが勝利した場合には奴隷制が堅持される、という前提を含意しているのである。

このように見てくると、《スター＝スパングルド・バナー》が、アメリカが自由の国であることを誇り高く宣言する国歌であると、単純にはみなせないことに気づかされる。

とりわけ、フェリシアーノやヘンドリックスが、自らの感じたままに、あるいは自らの信念に従って、独自の音楽的表現を追求したのにバッシングを受けたことは、大いなる皮肉であったとさえいわなければならないであろう。なぜなら、彼らに対する批判は、国歌は決められた型通りに歌わなければならないというメッセージ、つまり本来自由を賛美する歌であるはずなのに、それを自由に歌ってはならないというメッセージだったからである。

自由を自由に歌う

しかし、以上のような問題があったことを確認した上でも、やはり私は、《スター＝スパングルド・バナー》がアメリカの自由を象徴している、との考えを擁護したい。

たしかに、国歌の変奏――英語では「レンディション」(rendition) という――に対しては、一時期、猛烈な反発があった。また、黒人への差別が含意されているという理由もあって、新しく国歌を制定しなおそうという動きが、たびたび表面化したことも事実である。それでも、その後の《スター＝スパングルド・バナー》をめぐる展開をたどると、その歴史にはアメリカの寛容さが浮き彫りになっている。

いくつかエピソードを紹介したい。

１９７３年、共和党のリチャード・ニクソンが大統領に再選され、２期目の就任式にジャズシンガーのエセル・エニスが招待された。エニスは、黒人の女性で、かねてから民主党を支持していることを公言していた。そんな彼女を招待したのは、スピロ・アグニュー副大統領が彼女のファンだったからといわれている。ただ、当時の政治的状況をかんがみれば、ベトナム戦争がいよいよ終結に向かいはじめ、党派を超えた融和を演出したい思惑が（共和党）政権側に働いたのではないか、と私は思う。

さて、エニスは大いに迷ったが、「共和党のために歌うのではない、国民のために歌うのだ」と自身を納得させ、招待に応じた。それでも、型通りのパフォーマンスはしたくない。そこで、彼女は、伴奏なしのアカペラで、《スター＝スパングルド・バナー》を歌いあげた。批判はほとんどなかったそうである。[3] これが転機となり、以後、さまざまなイベントにおいて、それぞれに趣向を凝らした国歌のレンディションが受け入れられるようになっていくのである。

そうした中でも、歴史に残る名演のいくつかは、すでに第1章で紹介した。加えて、ここではもうひとつ、レディー・ガガによる「きわめつき」とでもいうべきレンディションを紹介したい。ガガが公の場で歌った《スター＝スパングルド・バナー》といえば、２０１６年のＮＦＬスーパーボウルのオープニング、また２０２１年のジョー・バイデン大統領の就任式での、素晴らしい独唱が記憶に残っているかもしれない。

しかし、ここで取り上げるのは、２０１３年6月28日、ニューヨークで行われたゲイ・プライドのためのパレードにおける彼女のパフォーマンスである。

これも映像に残っているが、ガガの背後に、アメリカ国旗は見当たらない。その代わりに、彼

♪6－2　レディー・ガガによる国歌の変奏（2013年）

……
And the rocket's red glare, the bombs bursting in air,
Gave proof through the night that our flag was still there ①,
O say does that star-spangled banner of pride ② yet wave
O'er the land of the free and the home of the gay ③?　……

女は右手に、同性愛者たちにとってのシンボルであるレインボー・フラッグを握りしめている。そのフラッグを胸に当て、アカペラで歌い出す（♪6-2参照）。「アワー・フラッグ・ワズ・スティル・ゼア」の部分（下線①）では、そのレインボー・フラッグを高らかに掲げる。続く歌詞でも「スター＝スプラングルド・バナー・オヴ・プライド」とフレーズを追加して（下線②）、同性愛者たちの「誇り」を表現する。最後の部分では、「ザ・ブレイブ」に替えて、「ザ・ゲイ」と歌い（下線③）、同性愛者たちが「勇敢に」苦難を乗り越えてきたと讃える。感動的なパフォーマンスである。

１９６８年のフェリシアーノ事件からすれば、伴奏なしで、しかも歌詞を変えてまで歌ったガガのパフォーマンスに、隔世の感を禁じ得ない。変奏して歌っても、冒涜している、あるいは愛国心がない、などと批判されることは、もはやなくなった。自由を誇り高く宣言する国歌を、自由に歌えるようになったのである。

いや、それだけではない。アメリカ国歌が賛美する自由には、当然なが

ホセ・フェリシアーノが1968年のワールドシリーズで国歌を弾き語った時に使っていたギター。のちに国立アメリカ歴史博物館に寄贈された。［出所：United Press International/Newscom］

ら、性的指向の自由も含まれなければならない。ガガのレンディションは、非常にクレバーにそのメッセージを発信したといえるであろう。

自由の象徴としてのギター

最後に、フェリシアーノの「その後」についてのエピソードを紹介する。

２０１０年5月5日、彼は、因縁深いデトロイト・タイガースから国歌を歌ってほしいと再び招待され、応じた。この時もギターだけで歌ったが、今度は観衆から大喝采を浴びた。

映像を見ると、フェリシアーノがアップで映し出されている。しかも、彼はタイガースのユニフォームを着て歌っている。その背番号は「68」、すなわち前回登場した１９６８年の下二桁である。カメラはその番号をはっきりと捉えている。

さらに、２０１９年のこと。フェリシアーノは、アメリカの国旗制定記念日（Flag Day）である6月14日、国立アメリカ歴史博物館に招かれていた。彼のポピュラー音楽への貢献を讃える式典が催されたからである。この時、1968年の試合で使った彼のギターが博物館に寄贈された[4]。

セレモニーに先立って、フェリシアーノは講演を行った。アメリカへの帰化が認められた20人の移民たちを前にして行われた講演である。その時の様子を伝える記事から、断片的であるが彼のスピーチの内容をうかがい知ることができる[5]（以下、筆者訳による）。

今、みなさんは偉大な冒険に出発しようとしています…　みなさんがいるこの国は、自分のもつ能力を、自分をより良くするためだけでなく、国をより良くするために使うことが許される、そういう国なのです…　私のようなものがアメリカ人であるのは、なんと恵まれていることでしょう。［この国では］一生懸命働けば、後悔することはありません。私にも後悔はありません。私は、国歌を［自分なりに］様式化（stylize）した最初のアーティストでした。そのことでたくさんの抗議を受けました。でも後悔はありません。アメリカは、私によくしてくれました。ここにいることが、私はうれしいのです。

フェリシアーノの功績とは、何より、自由を宣言する国歌を自由に歌ったことだった。一時は非国民同様の扱いをされたものの、その彼が、新しくアメリカ人になろうとしている人々に、アメリカの素晴らしさを伝える役割を担った。この国は、自由な人々の大地であり、勇敢な人々の故郷である、と。

分断を越えて

2024年の今、アメリカは未曾有の危機に瀕しているとよくいわれる。世論は分断され、メディアは信頼を失い、政治家たちは汚い言葉で互いを罵り合っている。そのような現代から振り返れば、本書がたどってきたポピュラー音楽の展開、とりわけその歌詞において自由がどう歌われてきたかなどという問題設定は、「古き良き時代」のテーマだと思われるかもしれない。

しかし、忘れてならないのは、アメリカは、これまでに何度も大きな危機を乗り越えてきた、という事実である。本書で見てきたように、ポピュラー音楽の歌詞は、人種、経済格差、ジェンダー、性的指向などに根差した対立や緊張を人々がどのように受け止めたか、そしてそうした危機を乗り越える上で建国の精神である自由という概念がいかに拠り所にされたか、を物語る。

だから、私はアメリカの将来について悲観していない。アメリカにおける自由は、実にレジリアント、すなわちしなやかで耐久性が強い。単に抽象的な概念としてではなく、一般の人々の日常生活の文脈の中にその価値が埋め込まれている限りにおいて、自由という理念がこれからもアメリカ社会をよりよい方向へと導いていくだろうと、私は信じている。

（１）Marc Ferris, *Star-Spangled Banner*（John Hopkins University Press, 2014）, p.213. さらに遡れば、１９４４年、アメリカに移住したクラシック音楽家のストラヴィンスキーが、アメリカ国籍を取得できたことのお礼として作った交響曲ヴァージョンをボストンで演奏したところ、批判を浴びたこともあった。同上p.178.

（２）Ferris 前掲書, pp.216–218.

（３）Ferris 前掲書, p.232.

（４）Smithsonian News Release, "Jose Feliciano Donates Objects from His 50-Year Music Career to the Smithsonian, Will Sing the National Anthem," June 13, 2018.

（５）Alice George, "For More Than Five Decades, Jose Feliciano's Version of the National Anthem Has Given Voice to Immigrant Pride," Smithsonian Magazine, June 15, 2018. 以下は、この記事からの引用である。

あとがき

本という媒体で、ポピュラー音楽について語る。それが無謀な企てかもしれない、という自覚がなかったわけではない。人々が音楽をきいて心地よくなったり、感動したりするのは、メロディー、リズム、ハーモニー、アレンジなど、純粋に音楽的な要素、つまり文字では表現しにくい要素による場合が、おそらく圧倒的に多いからである。しかし、歌詞の付いたポピュラーソングに限れば、そうした場合ばかりではないと私は確信している。フォークやロックの楽曲が長い間「名曲」として親しまれ、人々が何の気になしにその一節をふと口ずさんでしまうのは、やはり歌詞そのものが何らかの理由で、心に刻まれているからだと思う。

本文に書いた通り、私は20代から30代前半までの人生をアメリカとカナダで過ごした。その中で、友人たち、つまり音楽を生業にするわけではない人たちが、たとえばボブ・ディランの有名な歌の解釈をめぐって、あるいはイーグルスの代表的なアルバムに隠された意味について、延々と議論を続ける場に何度も遭遇した。そうした会話に、私はまったく参加できなかった。ボブ・

ディランもイーグルスも大好きだった（つもりだった）が、自分が好きだったのは「曲」の方で、ポピュラー音楽の魅力をその半分しか受け止めてこなかった、と思い知らされた。それゆえ、さらに大人になったら、もう半分の方、すなわち「詞」の素晴らしさと奥深さを、英語が母語でない日本の方々に伝えたいと、ずっと思ってきた。

ただ、より具体的に、自由という概念を再考する素材としてポピュラー音楽の歌詞を用いるという本書の構想を得るまでには、多くの年月を要した。初めてその構想を打ち明けたのは、スンキ・チャイ氏（Sun-ki Chai; 現ハワイ大学教授）とブライアン・ゲインズ氏（Brian Gaines; 現イリノイ大学教授）という、スタンフォード大学院時代からの学友である。２０１６年2月、同窓会を兼ねた研究会を横浜で開催した際、最後の夕食の席で私が「新しいプロジェクトを考えているのだが、どう思うか」とおそるおそる切り出すと、二人とも「絶対に面白い」と興奮気味に応じてくれた。無類の音楽好きで、かつ無類の博識でもある両氏は、どちらも、帰国する便の中で思いついたというアイディアを次の日から大量に私に送りつけてきた。その後、しばらく電子メールでのブレーンストーミングが続いた。この二人からの激励とインプットがなかったら、本書が日の目を見ることはなかった。この場を借りて、大いなる感謝を伝えたい。

翌（２０１７）年、私は「ポピュラー音楽をテクストとした自由の概念分析」という課題名で、科学研究費を獲得した（課題番号：17K18548,）。応募の際、アメリカ政治文化に詳しい西川賢先生（現津田塾大学教授）と政治理論・思想が専門の谷澤正嗣先生（現早稲田大学准教授）に、研究協力者として参加してくださるようお願いした。お二人にも、さまざまな場面で良き相談相手となってくれたことにお礼を申し上げる。

本書の第2章は、この科研費の研究成果である。テキスト分析は、私にとって慣れない作業で、6千近い膨大な数の楽曲の歌詞を集めてデータ化するという初期の段階から、単語ごとに感情や意味内容と対応した辞書を用いて分析するという最後の段階まで、多くの困難に遭遇した。しかし、当時私の研究室に所属していた五ノ井健氏、塚田真司氏、菊池柾慶氏が、辛抱強く研究アシスタントを務め、私の意図と要望を汲んで実に丁寧に取り組んでくれた。彼らに謝意を表したい。なお、この章に含められたデータ分析は、POLTEXT 2019: The 3rd International Interdisciplinary Symposium on the Quantitative Analysis of Textual Data という国際学会で発表した論文（Kohno, Kikuchi, and Tsukada, "Freedom in American Popular Music: A Text Analysis of Top-ranking Song Lyrics from the 1960s to the 2000s"）に基づいていることをお断りする。

第5章で紹介したストリート・ミュージシャンへの聞き取り調査も、上記科研費によって実現した。見知らぬ人に「突撃」してアンケートに答えてくださいとお願いするのは、私にとっては初めてで、貴重な体験となった。そうした場では、相応の緊張感、時には恐怖感も味わったが、現役のミュージシャンとお話しさせていただけるという喜びが優った。そして、お願いした大半の方々が、プロジェクトの意義を理解し、時間を割いて快くインタビューに応じてくれた。お名前を記さないものの、みなさまに心からお礼を申し上げたい。

私にとって、英語は母語ではない。そこで、英語の歌詞の意味を解釈したり論じたりするに当たっては、慎重の上にも慎重を期すべきと思い、チャイ氏やゲインズ氏だけでなく、ネーティヴ・スピーカーである多くの家族や友人たちを煩わせ、助言をもらわなければならなかった。とくに、カナダに在住する娘エリーズ（Elise Kohno）、その従姉妹ロージィ（Roslyn Grant）と友人ジェイク（Jacob Quail）、ガブリエラ・モンティノーラ氏（Gabriella Montinola; 現カリフォルニア大学教授）、早稲田大学の元同僚マーク・ジュエル先生（Mark Jewel）には、単語の曖昧さや多義性、フレーズが伝える細かなニュアンスなど、いくつも疑問をぶつけて納得がいくまで教えていただいた。さらに、原稿が完成に近づいた際、同僚の久米郁男先生、栗崎周平先生、マリサ・ケラム先生、同志社大学の西澤由隆先生から細かなコメントをいただいた。また、ゲインズ氏のパートナーであるブリアナ・ローレンス氏（Brianna Kelly Lawrence）には、私がどうしても挿入したいとこだわったイラストを3点描いていただいた。みなさまのご厚情に感謝を申し上げる。

私は、これまで経験主義的な政治学、つまりデータなどで実証的根拠を示して政治現象を理解しようとする研究に、キャリアの大半を費やしてきた。アメリカ文化史に傾倒してきたわけでなく、音楽を専門とする研究者でも、まして音楽家でもない。そのような自分が、ポピュラー音楽を題材にした本書を上梓することについては、プロフェッショナリズムに反するのではないか、というためらいもあった。ただ、前著（『政治を科学することは可能か』中央公論新社）のあとがきにも記した通り、自分としては、すでに3冊の単著を公刊し、研究者としての生涯ノルマは一応果たした、という気分でいる。還暦をすぎ、天がすこし余分な命を与えてくれたと感謝しながら、今回ばかりは、これまでにしたこともないような仕事に挑戦したい、と思った。そんな私のわがままに、早稲田大学出版部が付き合ってくれることになった。編集者の方々、とくに本書を担当した畑ひろ乃氏に、深く感謝する。

最後に、私たち家族をいつも優しく見守ってくれる義父母の半澤贇雄・志津子ご夫妻に、本書を捧げる。

第4章

♪ 4－1，4－2　ボブ・ディラン《風に吹かれて》：www.bobdylan.com/songs/blowin-wind/

♪ 4－3，4－4，4－5　ボブ・ディラン《チャイムズ・オブ・フリーダム》：www.bobdylan.com/songs/chimes-freedom/

♪ 4－6，4－7，4－8　ジョニ・ミッチェル《ウッドストック》：jonimitchell.com/music/song.cfm?id=75

♪ 4－9，4－10　ジョニ・ミッチェル《フォー・フリー》：jonimitchell.com/music/song.cfm?id=115

第6章

♪ 6－2　レディ・ガガ《スター＝スパングルド・バナー》www.youtube.com/watch?v=Kdd6JzJgJGY

歌詞引用URL一覧

第1章

♪1-2　クイーン《レディオ・ガガ》：www.youtube.com/watch?v=azdwsXLmrHE

第2章

♪2-1　ジョニー・ティロットソン《涙ながらに》：www.youtube.com/watch?v=ZiUQSuPwNbY

♪2-2　ゴリラズ《フィール・グッド・インク》：www.youtube.com/watch?v=HyHNuVaZJ-k

第3章

♪3-2，3-3　ニーナ・シモン《アイ・ウィッシュ・アイ・ニュー・ハウ・イット・ウッド・フィール・トゥ・ビー・フリー》：www.youtube.com/watch?v=inNBpizpZkE

♪3-6　イーグルス《デスペラード》：www.youtube.com/watch?v=aelpqWEBHR4

♪3-7　レーナード・スキナード《フリー・バード》：www.youtube.com/watch?v=0LwcvjNJTuM

♪3-8，3-9　ニール・ヤング《ロッキン・イン・ザ・フリー・ワールド》：www.youtube.com/watch?v=DvxxdZpMFHg

♪3-10，3-11　トム・ペティ《フリー・フォーリン》：www.youtube.com/watch?v=1lWJXDG2i0A

♪3-12，3-13　ジョージ・マイケル《フリーダム！'90》：www.youtube.com/watch?v=diYAc7gB-0A

♪3-14，3-15　マルティナ・マクブライド《インディペンデンス・デイ》：www.youtube.com/watch?v=4VPpAZ9_qAw

♪3-16，3-17　オールド・クロウ・メディスン・ショー《ワゴン・ウィール》：www.youtube.com/watch?v=1gX1EP6mG-E

河野　勝（こうの・まさる）

1962年東京都生まれ。上智大学法学部卒業。イェール大学修士（国際関係論）。スタンフォード大学博士（政治学、Ph.D.）。ブリティッシュコロンビア大学助教授、フーバー研究所ナショナルフェロー、青山学院大学助教授を経て、2003年より早稲田大学政治経済学術院教授。主な著書に *Japan's Postwar Party Politics* (Princeton University Press)、『制度』（東京大学出版会）、『政治を科学することは可能か』（中央公論新社）など。

早稲田新書023

アメリカは自由をどう歌ってきたか

2024年10月18日　初版第1刷発行

著　者　河野　勝
発行者　須賀晃一
発行所　株式会社 早稲田大学出版部
〒169-0051　東京都新宿区西早稲田1-9-12
電話 03-3203-1551
https://www.waseda-up.co.jp
イラスト　Brianna Kelly Lawrence
装　丁　三浦正已（精文堂印刷株式会社）
印刷・製本　精文堂印刷株式会社

ISBN：978-4-657-24009-5

早稲田新書の刊行にあたって

いつの時代も、わたしたちの周りには問題があふれています。一人一人が抱える問題から、家族や地域、国家、人類、世界が直面する問題まで、解決が求められています。それらの問題を正しく捉え解決策を示すためには、知の力が必要です。整然と分類された情報である知識。日々の実践から養われた知恵。これらを統合する能力と働きが知です。

早稲田大学の田中愛治総長（第十七代）は答のない問題に挑戦する「たくましい知性」と、多様な人々を理解し尊敬して協働できる「しなやかな感性」が必要であると強調しています。知はわたしたちの問題解決によりどころを与え、新しい価値を生み出す源泉です。日々直面する問題に圧倒されるわたしたちの固定観念や因習を打ち砕く力です。「早稲田新書」はそうした統合の知、問題解決のために組み替えられた応用の知を培う礎になりたいと希望します。それぞれの時代が直面する問題に一緒に取り組むために、知を分かち合いたいと思います。

早稲田で学ぶ人。早稲田で学んだ人。早稲田で学びたい人。早稲田で学びたかった人。早稲田とは関わりのなかった人。これらすべての人に早稲田大学が開かれているように、「早稲田新書」も開かれています。十九世紀の終わりから二十世紀半ばまで、通信教育の『早稲田講義録』が勉学を志す人に早稲田の知を届け、彼ら彼女らを知の世界に誘いました。「早稲田新書」はその理想を受け継ぎ、知の泉を四荒八極まで届けたいと思います。

早稲田大学の創立者である大隈重信は、学問の独立と学問の活用を大学の本旨とすると宣言しています。知の独立と知の活用が求められるゆえんです。知識と知恵をつなぎ、知性と感性を統合する知の先には、希望あふれる時代が広がっているはずです。

読者の皆様と共に知を活用し、希望の時代を追い求めたいと願っています。

２０２０年12月

須賀晃一